AF255646

Ágil

La Guía Definitiva de Gestión Ágil de Proyectos y Kanban en el Desarrollo Ágil de Software, que incluye explicaciones para Lean, Scrum, XP, FDD y Crystal

Índice

Primera Parte: Gestión Ágil de Proyectos

Cómo Hacer más Felices a sus Clientes mientras Reduce Costos Monetarios, Temporales y de Esfuerzo

Introducción

En los próximos capítulos le enseñaremos todos los detalles que debe conocer para implementar de manera exitosa la gestión ágil de proyectos en su negocio. Disfrutará de mayores ganancias, eficiencia e inversiones; pero, para llegar a esto, primero deberá entender qué es la gerencia de proyectos y qué diferencia a la metodología ágil de los enfoques tradicionales. Hay muchas razones convincentes por las cuales querrá elegir este método sobre otras opciones, las cuales serán presentadas en el capítulo 3. Una vez que haya entendido lo valiosa que es esta herramienta, se le proveerá un esquema para que pueda implementarla.

Cuando esté listo para implantar esta metodología en su lugar de trabajo, necesitará conocer sus principios y valores también, para poner a prueba su proyecto y determinar si es un candidato adecuado para este tipo de gestión. El próximo paso será aprender a aplicar estos valores y principios en su proyecto, incluyendo la asignación de roles y ambiente. Finalmente, después de implementar este método para completar un proyecto, tendrá que revisar los resultados para evaluar la efectividad de la implementación y dónde es necesario realizar ajustes para el futuro. Esto incluye el control de calidad y los riesgos. Después de todo, su esfuerzo en la planeación puede llevarle a repetir los resultados exitosos en el futuro, pero querrá asegurarse de que esos resultados eran los esperados en términos financieros y de eficiencia. ¡Ahora, prepárese para aprender todo lo que necesitaba para encaminar su negocio hacia la felicidad de sus clientes, bolsillos llenos, más tiempo libre en su calendario, ¡y menos estrés!

Capítulo 1: ¿Qué es la Gestión Ágil de Proyectos?

Quizá haya intentado utilizarla antes o solo haya escuchado rumores sobre ella, pero una cosa es segura: no puede negar que un gerente de proyectos es una especie de superhéroe. Sus clientes esperan resultados que se ajusten a un tiempo establecido y al presupuesto. Pero los requisitos suelen cambiar en más de una ocasión. Esto es un hecho común y es la razón por la cual debería considerar esta gestión de proyectos por encima de los enfoques tradicionales. Con ella, incluso cuando las fechas de entrega cambian, puede mantener a sus clientes informados sobre el estado del proyecto y el cumplimiento de los objetivos. Esto es posible porque un gerente ágil recibe feedback de manera constante, y la transparencia del proyecto es mayor. Ellos pueden responder con mayor rapidez a los cambios y problemas durante el proceso. Lo que implica que los resultados son mejores y llegan en menos tiempo.

¿Qué es Ágil?

Ágil es más que una reunión diaria. No puede decir que su equipo es "ágil" hasta que entienda qué hay detrás de esto y qué roles son necesarios. Aceptar los cambios, realizar trabajo de calidad, dar información sobre el progreso del proyecto, controlar el presupuesto, manejar el tiempo, y mantener una perspectiva clara son los beneficios de este tipo de gestión. Esto es totalmente distinto a las gestiones de proyectos tradicionales que pueden resultar torpes, costosas y propensas a los errores. Anteriormente, la gestión de proyectos solo daba resultados insatisfactorios, hasta que ágil apareció.

Introducida en 1957, la gestión ágil de proyectos, también conocida como gestión iterativa de proyectos, se mantuvo en la sombra hasta 2001. Cuando el Manifiesto Ágil fue presentado, ágil se convirtió en un tema relevante, especialmente en el mundo del desarrollo de software. Este manifiesto hacía hincapié en la necesidad del trabajo en equipo y la adaptación rápida a los cambios, dos de los procesos más complicados en las gestiones tradicionales. Los proyectos pueden ser debilitados por retrasos largos y costosos, especialmente cuando el cliente ha esperado mucho para dar los toques finales a las expectativas del mismo antes de obtener sus resultados. Ser ágil le permite estar en control, siendo capaz de satisfacer las necesidades del cliente con lo que quieren en el momento justo, haciéndose ver como una estrella al mismo tiempo.

En lugar de centrarse en un proyecto como un ente complejo que tiene fases que deben ser completadas en orden, ágil le permite dividir el mismo en pequeñas porciones que pueden ser desarrolladas paralelamente en pocas semanas, contribuyendo al objetivo final: terminar el proyecto. El tiempo requerido para completar una porción del proyecto, generalmente, no lleva más de cuatro semanas. La gestión tradicional es compleja, necesita más tiempo, y solo se centra en el proyecto como una unidad. Con ágil, puede dividir el proyecto de la manera más conveniente y darle la oportunidad a los equipos de diseñar, crear, construir, y evaluar su parte antes que integrarlas todas. Otra diferencia fundamental entre ágil y la gestión tradicional es que la primera cuenta con tres roles para manejar las responsabilidades, mientras que la segunda solo tiene uno.

Los tres roles de ágil incluyen:

1. *Propietario del Producto* – Define los objetivos del proyecto, evalúa el alcance en relación a la fecha para la negociación, se encarga de los cambios necesarios a los requisitos del proyecto y delinea las características de las prioridades del producto.

2. *Scrum Master* – Ayuda al grupo con las prioridades de las tareas, y eliminar los problemas que pueden afectar a la habilidad del grupo para completar ciertas tareas. Este es el rol más nuevo para ágil.

3. *Miembros del Equipo* – Completan las tareas asignadas, se encargan de los detalles todos los días, reportan el progreso realizado, y supervisan el control de calidad del producto.

Quizá haya oído palabras como *Kanban, Lean* y *Scrum*. Todos estos conceptos son métodos de gestión de trabajo cuya estructura básica fue derivada de ágil. Todos evolucionaron su manera, pero su raíz común en esta metodología es la responsable del alto grado de éxito que cada uno de ellos es capaz de lograr.

¿Por qué ágil es importante?

Una de las partes más importantes de la gestión ágil de proyectos es la habilidad de examinar y ajustarse. Si ha intentando usar ágil antes y lo encontró difícil, es probable que no conociera esta parte. Cuando usted incluye esta función en su gestión de proyecto, notará que cada entrega del producto viene con una mejora. Adicionalmente, sus clientes pueden esperar mejores resultados de las entregas de sus equipos, y su compañía aumentará su valor.

El proceso bajo el sistema ágil incorpora una evaluación de tiempo y costos, y los considera como su obligación principal. Para dar un rendimiento de calidad e involucrarse en los procesos establecidos, sus equipos deben estar comprometidos a expresar cualquier comentario pertinente a la tarea que están realizando, con el fin de realizar los ajustes necesarios y mantener un protocolo que asegure la calidad del trabajo. Las mediciones son entregadas en tiempo real a los gerentes ágiles a través de diagramas de "Flujo Acumulativo", "Quemado" y "Velocidad". Esto reemplaza a los instrumentos tradicionales como los Diagramas de Gantt, hojas de cálculo de Excel o hitos ridículos. Estos cambios son los que hacen que ágil sea importante para el éxito de su negocio; cuanto más rápido se complete el proyecto y cuantos menos errores haya al final, menores serán los costos monetarios para usted.

La Escalabilidad de ágil

Las compañías pueden cometer el error de tener un equipo ágil exitoso y luego crear otro sin tener fijada una meta clara para su expansión. Esto suele terminar en varios equipos trabajando en tareas independientes y haciendo uso de herramientas que no están conectadas a la visión singular de la compañía. La razón detrás de esto es que llevar este sistema a una escala más grande requiere hacer un seguimiento de la actividad dentro de la compañía y considerar muchos factores. Dicho esto, la expansión puede hacerse de manera más eficiente, siguiendo algunos pasos clave. Por ejemplo, un gerente de proyectos, que tiene claro que una de las tareas más importantes de su trabajo es hacer un balance entre la entrega y el retorno de la inversión, es fundamental para el éxito de la escalabilidad. Esto implica que el gerente debe entregar los objetivos a tiempo, utilizando un proceso que opere al menor costo y genere el mayor retorno de inversión posible de manera consistente. La mejor manera de hacer esto es hacer que la gestión ágil de proyectos trabaje de la mano con el equipo Scrum. Esta configuración permite que este proceso sea repetido fácilmente en varios proyectos y equipos. Repetir este proceso también resulta exitoso en ubicaciones alternativas. Un equipo de gestión ágil que trabaja con Scrum crea una ubicación central para todos los defectos, pruebas, tareas, peticiones y requisitos y los convierte en un pozo de conocimiento invaluable. El equipo puede trabajar al unísono y tomar decisiones sin perder tiempo, al mismo tiempo que provee a las partes interesadas con la información pertinente para cubrir sus necesidades en el momento adecuado.

Las Fortalezas de ágil

La ventaja principal que ofrece este tipo de gestión es su flexibilidad. Puede adaptar este proceso a cualquier cosa que necesite. Esta es una de las razones por las cuales fue utilizado como la base de otros sistemas, como Lean o Kanban. El concepto ágil de dividir su proyecto en varias piezas que pueden ser completadas simultáneamente e integradas posteriormente, le permite modificar cualquier detalle para ajustarlo a sus necesidades.

Le segunda ventaja es la prioridad de las respuestas al cambio, en lugar de apegarse al plan. Esto guarda una relación estrecha con la flexibilidad de la gestión; sin embargo, es un rasgo distintivo que coloca a ágil en otro plano. Puede realizar entregas continuas de su producto si tiene un camino delineado y un sistema que le ayude a conseguirlo.

Como suele ocurrir con frecuencia, la mayor fortaleza puede convertirse en la peor debilidad. Dicha flexibilidad puede convertirse en falta de atención y motivación para completar el proyecto si no hay un seguimiento. Tener un plan con muchas libertades en lugar de hitos implica que no hay un proceso que revisar y verificar si hay progreso. Esto puede resultar en la pérdida de concentración del equipo. Para combatir esta debilidad, considere crear un proceso interno que vaya a la par de ágil, con el fin de ayudar a sus equipos a mantenerse centrados en sus objetivos, o revise constantemente que sus equipos se estén comunicando y progresando. En ocasiones, también debería considerar alguna de las variaciones de ágil si esta debilidad sigue siendo una piedra en el camino de sus equipos durante el proyecto.

Capítulo 2: Gestión Ágil de Proyecto vs. Gestión Tradicional de Proyectos

Como se mencionó en el capítulo anterior, hay una gran diferencia entre la gestión ágil de proyectos y la gestión tradicional. Sin embargo, hay algunas coincidencias importantes también. No importa qué tipo de gestión de proyectos sea empleada por una compañía, siempre se busca el mismo resultado: eliminar cualquier fallo innecesario presente en sus procesos. Así que no importa si el proyecto se lleva a cabo por flujo de trabajo o en períodos de tiempo, las herramientas de gestión de proyecto están centradas en el progreso con el mínimo de distracciones.

A pesar de la belleza de las posibilidades, hay limitaciones para la "magia" de la gestión de proyectos. Hay muchos enfoques para llevar esto a cabo, y muchos apoyan la posición de ágil como la herramienta más práctica y flexible de las compañías de nuestros tiempos. Ágil es capaz de sostener varios proyectos, además de poseer otras ventajas claras.

Un Resumen de la Gestión Tradicional de Proyectos

La gestión de proyectos puede ser aplicada a varios ámbitos y proyectos. Es un proceso global con objetivos y conceptos simples. No importa si está abordando un proyecto de forma intencional o no, hay un elemento de gestión en él. Cuando utiliza la gestión de proyectos para completar sus proyectos, sigue reglas básicas, sin importar qué forma ponga en práctica. Esas formas de gestión de proyectos pueden dividirse en dos grandes tipos: tradicionales y modernas, como ágil.

Cuando se sigue un enfoque tradicional, se elige un proceso convencional basado en técnicas de tiempo. Este enfoque puede ser aplicado a casi cualquier ámbito y proyecto, y ha evolucionado con el paso del tiempo. De acuerdo al Compendio de Conocimientos sobre la Gestión de Proyectos, la definición estándar de gestión de proyectos es "un conjunto de técnicas y herramientas que pueden ser aplicadas a una actividad con el fin de generar un producto, ganancias o un servicio". Existen muchas definiciones en la red, pero todas hacen referencia en mayor o menor medida a esta.

Un Resumen de la Gestión Ágil

Flexibilidad, colaboración con el cliente, y trabajo en equipo son los enfoques de esta metodología, comparado con la prominencia del tiempo, alcance, y los costos asociados con la planeación previa de la gestión tradicional. En esta gestión se observan con cuidado los cambios que ocurren de manera natural y el esfuerzo del grupo, para que el cliente reciba resultados y no solo un esquema de planeación del proceso. Los gerentes de proyectos que han trabajado en este ámbito durante mucho tiempo disfrutan los planes que pueden ser adaptados a varios escenarios y los cambios fáciles, así que adoran trabajar con ágil.

Las variaciones de esta gestión incluyen Kanban y Scrum. Estos son los más comunes entre las compañías y profesionales. La reputación de Scrum se ha construido en base a alentar el proceso de toma de decisiones y evitar perder el tiempo en cosas que cambiarán sin importar lo que se haga. El resultado más importante para ágil es la satisfacción del cliente. Ágil puede lograr este resultado con facilidad ya que mediante su sistema, los proyectos pueden ser completados con tiempo de sobra.

Comparación entre la Gestión Ágil y la Gestión Tradicional

Tradicional u otro enfoque	Ágil
Los gerentes controlan el cambio	Los equipos saben responder y adaptarse a los cambios
Planear los procesos es lo más importante	Las necesidades del cliente y su satisfacción son lo más importante
La jerarquía es estricta, siempre de arriba a abajo. Esto hace que todas las decisiones deban ser tomadas por el gerente, creando retrasos en el tiempo de producción	Los equipos son autónomos y autosuficientes; pueden tomar decisiones rápidamente para el beneficio de su parte como de todo el proyecto
Los planes se diseñan al comienzo y son llevados a cabo durante el tiempo del proyecto, sin tomar en cuenta los cambios	El proceso evoluciona con el paso del tiempo
Las mediciones irrelevantes son ignoradas	El valor de lo que recibe el cliente es la medición más relevante
No es inclusivo ni personalizable	Muy inclusivo y personalizable

Muchos gerentes se han preguntado lo mismo. Sin embargo, la respuesta no es concreta. Esto es porque ágil puede trabajar con otros procesos, pero esto debe hacerse con cuidado y en proyectos diferentes. Hacer que dos grupos de gestión aborden la misma tarea por su cuenta y utilizando enfoques distintos no es efectivo por muchas razones – incluyendo razones financieras e interpersonales. Si los equipos trabajan de manera antagónica, el resultado será animosidad entre las personas en vez de satisfacer las necesidades del cliente. Además, implementar dos estrategias al mismo tiempo, como ágil y cascada, podría resultar en que una opaque a la otra o darse cuenta de que una de ellas no es efectiva para la tarea. De cualquier forma, es posible integrar ágil y otra metodología.

A pesar de las sugerencias mencionadas para la combinación de ágil y otros procesos, también es justo explorar las ideas desde otro ángulo. La razón principal por la cual las personas no creen que ágil podría funcionar con otros métodos es por las diferencias que existen entre los métodos. Además, una combinación puede causar confusión en la compañía y dañar el progreso del proyecto.

Razones por las cuales Ágil es el preferido

Hay muchas razones por las cuales los gerentes prefieren utilizar ágil sobre otras formas de gestión. Algunas de las razones incluyen la división en secciones, la estructura organizacional interna, y el compromiso del cliente.

División de Secciones

El término que define las secciones en las cuales se divide un proyecto se conoce como "iteraciones". Cuando una iteración se completa, los resultados son enviados de manera inmediata al cliente. Como cada una de ellas es enviada al cliente, este puede revisar si el proyecto tendrá éxito en su forma actual o hacer las modificaciones necesarias. Este método proporciona la libertad de no tener que hacer una planificación previa de todo el proyecto.

Estructura Organizacional Interna

La gestión opera de manera paralela a las iteraciones del proyecto. Los grupos se encargan de completar una parte del proyecto, en vez de tener un supervisor dominante que vigila a todos los empleados. Con frecuencia en una compañía ágil, hay muchos grupos trabajando en un proyecto específico. Cada uno de ellos tiene un gerente interno que no está siendo vigilado desde afuera. Las interacciones entre los equipos solo ocurren para discutir en proyecto y vincular procesos si uno de los equipos carece de las habilidades para completar su tarea.

La mayoría de los proyectos ágiles tienen tres componentes:

1. Propietario – Esta persona es la experta encargada de todo el proyecto. Es el punto central de contacto y revisión para todos los equipos.

2. Scrum Master – El proceso ágil es supervisado por este rol. Esta persona es la encargada de revisar cada iteración para asegurarse de que sea completada.

3. Equipo – Un grupo de empleados trabajando para completar cada iteración es de suma importancia para completar el proyecto. Hay roles pequeños y grandes dentro de los equipos, pero todos son de suma importancia para el proyecto.

Participación del cliente

La participación del cliente es lo principal en un entorno ágil. Cuando una iteración es completada y enviada al cliente, él es responsable de emitir feedback al propietario, y luego el equipo tendrá que actuar acorde a esta.

Cuando se compara esta metodología con otros sistemas tradicionales, resulta obvio que ágil es superior. La comparación hecha aquí resalta los rasgos de ágil y por qué es considerado como uno de los mejores sistemas de gestión del mundo.

Capítulo 3: Razones para Elegir Ágil

La gestión de proyectos es un proceso hermoso y doloroso: es una belleza idílica en papel, con sus aplicaciones prácticas y actividades definidas; pero su aplicación revela el aspecto doloroso de la implementación. Si no se toma un tiempo para aprender sobre la gestión ágil, o sobre cualquier otro tipo de gestión, y trata de gestionar un proyecto, se dará cuenta de que todo lo que intente será poco efectivo y carente de equilibrio. Su proyecto sufrirá de riesgos inigualables, baja calidad, altos costos, falta de tiempo y alcance. Usted y su compañía deberán prepararse antes de poner este método en práctica. Por esta razón, encontrará personas que adoran el sistema ágil y otras que lo aborrecen.

Para implementar ágil en su compañía, deberá verlo como una herramienta que le facilitará llevar las riendas de la organización; no es su organización la que debería manejar el sistema. En lugar de eso, es importante que descubra cómo puede implementar esta herramienta dentro de la estructura de su compañía y su sistema de valores, para que sea una parte complementaria de la misión de la organización.

Adaptándose a ágil:

1. Debe filosofar sobre este concepto hasta que los ingenieros de procesos no sean capaces de desarrollar el proyecto de forma objetiva.

2. Cambie el enfoque hacia el proceso, en vez del resultado, cada vez que sea posible para hacerlo un hábito.

Existen más caminos que estos dos ejemplos como las razones por las cuales debería considerar ágil para su compañía, y los métodos que debe seguir para integrarlo de manera exitosa.

La Historia de Ágil

Desde que se hizo popular, ágil ha pasado por sus propias oleadas de aplicación y adaptación. Al comienzo, se volvió atractivo por permitirle a una compañía de software lanzar su producto al mercado con mayor eficiencia que los métodos tradicionales. Esto fue llamado "Producto Mínimo Viable" (MVP por sus siglas en inglés). Ahora, las compañías pequeñas y medianas contaban con un modelo comprobado que les permitiría obtener mejores resultados con tiempos y costos reducidos. Cuando estos negocios pequeños se volvieron exitosos con este método, las organizaciones más grandes quisieron unirse a esta ola. Vieron los beneficios de una mejor interacción con los clientes y menores tiempos para lanzar sus productos al mercado.

Mientras las compañías ajustaban esta primera versión de ágil a sus negocios, surgió otra fase del método. Este involucraba a los negocios que no habían adoptado el método anterior, pero querían ver los mismos resultados. Fue considerada una oleada distinta en el desarrollo de ágil porque estos negocios tenían motivaciones desconocidas. Además, estaban más interesados en los resultados, como un gerente de proyectos tradicional, que en el proceso y la participación del cliente.

Cada organización encuentra los desafíos y problemas que la motivan a adoptar el sistema ágil. Cuando uno puede definir sus problemas, tiene el punto de partida para ágil. Ahora puede hacerse una idea de cómo ágil le ayudará a resolver esto y decidir los Indicadores Clave de Rendimiento (KPI por sus siglas en inglés), basados en estas razones. Aunque ágil no sea para todas las organizaciones, aún no se ha descubierto un área en la que no pueda ser aplicado. El mejor consejo para implementarlo es asegurarse de que los valores principales de ágil estén bien alineados con la filosofía de su negocio. No tendría sentido tratar de forzar dos cosas opuestas a encajar.

Razones para Implementar Ágil

La mejor razón para adoptar ágil en su compañía es su éxito garantizado en una gran variedad de ámbitos y proyectos. Este método se encuentra en un proceso de evolución constante gracias a su flexibilidad y cualidades de auto mejoramiento. Otras razones para elegirlo incluyen: procesos, autorregulación, aceptación de cambios, tiempos de entrega reducidos, participación del cliente y un ambiente de motivación para los equipos.

Proceso para la Excelencia

El camino a la excelencia yace en la constancia, sin importar a qué negocio uno se dedique. Esta es la razón por la cual los negocios son exitosos o no; las acciones no son individuales y espontáneas, son planeadas una y otra vez. Esto implica que sus acciones deben ser las indicadas para completar cualquier proceso en el que esté involucrado. Por lo tanto, adoptar un proceso ágil puede aumentar sus probabilidades de éxito porque el enfoque está en mejorar sus acciones constantemente y realizar entregas con el valor más alto a sus clientes. Además, es lo suficientemente abstracto para permitir cualquier tipo de personalización que sea necesaria. Los procesos que ya están en marcha en otras compañías y proyectos pueden ser ajustados a las necesidades de su compañía. Luego puede evaluar cómo funcionan para usted.

Autorregulación

Si usted no es cuidadoso cuando establezca el ambiente ágil, el éxito puede llevarle a un cambio de prioridades. Los miembros de su equipo cambiarán de un enfoque en la tareas a un enfoque en los roles. Debido al éxito del proceso anterior, no querrán desviarse de la estructura de la compañía, sino dejarse llevar por la corriente. Sin que nadie se dé cuenta, es posible darle pie a una burocracia rígida. En este tipo de entornos evite tomar riesgos, resolver problemas o experimentar. Por esta razón, es importante hacer énfasis en la autorregulación inherente en un proceso ágil exitoso. Este enfoque busca el balance entre la flexibilidad y la disciplina. No es burocrático; es democrático. Tener un proceso ágil fuerte y autorregulado le da la oportunidad a su equipo de mantenerse concentrado en el proyecto y mantenerse productivo, en lugar de solo completar los pasos de un proceso.

Aceptación de Cambios

La reducción del alcance de un proyecto o los cambios inherentes que ocurren en las tareas demuestran la importancia de aceptar y planear para los cambios. El problema está en que estos no serán visibles hasta que sean inevitables. Hasta que llegue ese momento, las tareas son creadas para resistirse al cambio. Cuando es imposible escapar, entonces, se implementan procedimientos. Así no es como un ambiente ágil se hace cargo de estos problemas. El cambio está al frente del proceso. El cambio es evolución, no limitación. Esto significa que mientras los cambios y los problemas se presentan, deberían ser resueltos en lugar de ser evitados. Las soluciones no vienen empaquetadas, así que los equipos deben intentar opciones diferentes hasta que una sea la indicada.

Tiempos de Entrega Reducidos

Los proyectos pueden ser impredecibles. Mientras un concepto nuevo aparece en el mercado, los viejos van desapareciendo. Esto quiere decir que no puede tomarse demasiado tiempo desarrollando algo perfecto antes de mostrárselo al cliente. En un mundo con un ritmo acelerado, un enfoque de gestión de proyectos tradicional consume demasiado tiempo. Hacer las cosas a la antigua implica que, en algún momento, tendrá que dejar de lado su participación del cliente o su progreso. Utilizar el sistema ágil le ayuda a colocar un producto de valor en el mercado mientras cumple con las necesidades del cliente.

Participación del Cliente

Uno de los desafíos más difícil para el sistema de gestión tradicional es que no se sabe si se ha cumplido con las expectativas del cliente hasta que el proyecto final es entregado. Esto ocurre porque solo el cliente puede decirle cómo se siente con respecto al resultado. Esta separación crea un problema extremo. Hay muchas propuestas para solucionar este problema, pero la participación constante del cliente durante todos los procesos ha demostrado, en repetidas ocasiones, ser la mejor solución. Esto involucra al cliente en la solución de problemas y la identificación de cambios en conjunto con los equipos, y así saben la solución definitiva que recibirán. Crear esta expectativa desde el comienzo de la relación de trabajo le permite hacer hincapié en el valor que le da al cliente más que el proceso.

Ambiente de Motivación para los Equipos

Las gestiones tradicionales utilizan mucho tiempo en planeación y gráficos. Aunque planear es importante, esto es redirigido a otro lugar. Las partes interesadas solían determinar qué roles serían asignados por el gerente del proyecto entre los miembros del equipo y luego determinaban el tiempo disponible. En el momento en que se presentaba el plan, los roles eran asignados, y era imperante que todos se ajustaran a esto. En vez de guiar y rendir cuentas sobre el proyecto, el proceso se convertía en una muletilla que permitía a los equipos asignar la culpa del fracaso del proyecto a la planificación. Esto ocurría porque toda la responsabilidad recaía en el gerente, no en las personas realizando las tareas. Al utilizar el método ágil, cada equipo puede sentirse responsable por el devenir del proyecto. Cuando un equipo siente que su esfuerzo es un beneficio o un retraso para el proyecto, sus miembros pueden sentirse responsables y motivados para dar todo su esfuerzo con el fin de sacar el proyecto adelante. Los equipos trabajan en conjunto, no como individuos. Además, otro beneficio de este enfoque es permitir el trabajo en conjunto de equipos interdisciplinarios, haciendo que cada equipo se coloque a altura de los desafíos. Aun si un miembro es nuevo, limitado o carente de habilidades, puede contribuir al proyecto, el grupo y sentirse importante.

La razón final para implementar ágil es simple: le ayuda a pensar de manera más inteligente sobre su compañía, proyectos, clientes y empleados. Si ha trabajado en gestión de proyectos o piensa intentarlo, es probable que esta sea la mejor razón para adoptar la filosofía de ágil inmediatamente. Pero si esto no es suficiente, considere la información mencionada antes: un nuevo enfoque para los procesos, autorregulación, aceptación de cambios, tiempos de entrega reducidos, participación del cliente y un ambiente de motivación para los equipos. Una o todas deberían bastar para que usted sienta que debe intentar adoptar ágil para su próximo proyecto.

Capítulo 4: Principios y Valores de la Gestión Ágil de Proyectos y el Manifiesto Ágil

Es casi imposible intentar dar una cifra de la cantidad de proyectos que han sido completados gracias a la información presente en el Manifiesto Ágil. Antes de la publicación de este, todo el proceso de gestión de proyectos no era exactamente rápido. Debido a la necesidad de largos períodos de tiempo, muchos proyectos planificados en varias empresas jamás se iniciaron porque estas decidieron ir en otra dirección antes de siquiera dar el primer paso. Esto motivó a las compañías a adoptar nuevos procesos. Se dieron cuenta de sus fallos y estaban listas para intentar algo nuevo, algo que estuviera a la altura de los desafíos diarios de la gestión de proyectos.

Parte de las enseñanzas de este manifiesto incluyen la definición de doce principios y cuatros valores esenciales para un proyecto ágil. Estas tenían un solo propósito: cambiar la manera de abordar un proyecto para que los resultados tuvieran la mejor calidad y fueran entregados en menos tiempo.

Cada proyecto ágil se fundamenta en el Manifiesto Ágil. Aunque es una práctica común del ámbito de desarrollo de software, su aplicación es beneficiosa en cualquier lugar. Su abordaje de la comunicación, colaboración y metodología de desarrollo 'lean' es algo atractivo para muchas industrias. La idea de dividir el proyecto en partes más pequeñas para su ejecución rápida es otro rasgo atractivo para cualquier compañía. Claro está, como se mencionó en los capítulos anteriores, la adaptabilidad al cambio es fundamental para alcanzar el éxito.

Para entender las bases de estos doce principios y cuatro valores, es importante establecer el contexto en el cual surgió el Manifiesto Ágil y cómo en este se planteó el camino a seguir en años venideros. Además, es importante explicar las aplicaciones prácticas para algunos de estos principios. Ambas cosas serán resaltadas a continuación para ayudarle a entender más acerca de las bases de la gestión ágil de proyectos.

El Manifiesto Ágil

En la década de los 90, la gestión de proyectos tradicional, vigente durante muchos años, había empezado a causar descontento. Existía un lapso de tiempo entre las entregas y los requisitos. Los clientes ordenaban una aplicación o rasgo específico para una tarea, pero la solución llevaba más tiempo del que disponían, así que, con frecuencia, los proyectos eran cancelados. Estos lapsos de tiempo eran afectados por diversos factores: cambios, la complejidad de los requisitos primarios, y el proceso de la compañía. Cuando se completaba un proyecto, era probable que las necesidades de la industria y el cliente hubiesen cambiado, haciendo del producto final algo inservible. El gran fallo del sistema tradicional era tomar ventaja de la presencia del cambio constante y la necesidad de acelerar los procesos.

Cuando varias personas se reunieron en el 2001 para expresar su descontento, de su esfuerzo colectivo nació el Manifiesto Ágil. Estos 17 líderes de la industria se reunieron en dos ocasiones para hablar sobre el tema: la primera vez en Oregón y la segunda en Utah. Durante estas reuniones, se trazaron los doce principios. Citando el manifiesto, "descubrimos mejores maneras de desarrollar software al hacerlo y ayudar a otros a hacerlo. A través de esta acción, hemos aprendido a apreciar a los individuos e interacciones por encima de los procesos y herramientas, el desarrollo del software en lugar de la documentación, la colaboración del cliente por encima de la negociación de contratos, la repuesta a los cambios sobre seguir un plan. Lo que implica que, aunque no se puede negar el valor de los ítems a la derecha, valoramos más aquellos que están a la izquierda".

Los valores fundamentales mencionados arriba eran lo suficientemente generales para permitir la adaptación a perspectivas personales, pero sin importar qué tipo de proyecto se complete mediante el método ágil; este requerirá de la aplicación de cada valor a su manera propia, para encaminarse a la entrega y desarrollo funcional de productos de excelente calidad para los clientes.

Los Cuatro Valores

Hay cuatro valores principales esbozados en el manifiesto: "A través de esta acción, hemos aprendido a apreciar a los individuos e interacciones sobre procesos y herramientas, software funcionando sobre documentación extensiva, colaboración del cliente sobre negociación contractual, repuesta ante el cambio sobre seguir un plan. Lo que implica que, aunque no se puede negar el valor de los ítems a la derecha, valoramos más aquellos que están a la izquierda".

"Individuos e Interacciones sobre Procesos y Herramientas"

Este es el primer valor esbozado en el manifiesto. La cual implica que es muy probable que sea el más importante para el método ágil. Los líderes decidieron que las personas involucradas en el proyecto eran más importantes que las herramientas y los procesos. Estos individuos son quienes responden a las necesidades de la compañía y son quienes llevan a cabo los procesos. Si se siguiera el método tradicional, el proceso guiaría al equipo. Esto dificultaba la habilidad del equipo para reaccionar a los cambios y hacía que cumplir con las expectativas de cliente fuera un desafío. Por ejemplo, la comunicación es diferente cuando una empresa valora más los procesos que al cliente. Si la compañía valora más a los individuos que a los procesos, todo tiende a fluir con más facilidad. Si existe la necesidad de realizar un cambio, se plantea y se ejecuta de manera inmediata. Si ocurre lo contrario, se plantea un horario para la comunicación; cada interacción está pautada para responder a ciertas expectativas.

"Software funcionando sobre Documentación Extensiva"

En él método de gestión tradicional, se le dedican grandes cantidades de tiempo a la planeación del proyecto, desde la conceptualización inicial hasta la entrega final. Especificaciones tecnológicas, requisitos tecnológicos, prospectos tecnológicos, diseño de documentos, planes de pruebas, planes de documentos, permisos, etc., todo requiere documentación. Completar toda esta documentación llevaba tiempo, lo cual le quitaba tiempo al proyecto. La lista de documentación requerida era agotadora. Aunque ágil no descarta la necesidad de documentar el proceso, ofrece una alternativa más directa. El objetivo es darle a los equipos el tiempo suficiente para completar sus tareas, dejando de lado la distracción de pequeños detalles y papeleo excesivo. Generalmente, un documento ágil, específicamente para un proyecto de software, se presenta como el historial de un usuario. Este formato es familiar para los desarrolladores y les permite añadir información relevante para empezar a crear una nueva respuesta. Aunque la documentación sigue siendo una parte valiosa del proceso, el software funcional, o el final del proyecto, es más importante.

"La Colaboración del Cliente sobre de la Negociación Contractual"

Cuando la compañía y el cliente se sientan a discutir un proyecto, ambas partes acuerdan varias cosas: cómo se entregará el proyecto, las revisiones necesarias durante la duración del proyecto donde los cambios o detalles adicionales pueden ser renegociados. Esta es la negociación tradicional. Ambas partes se tomarán su tiempo discutiendo cada detalle imaginable, generalmente antes de que el proyecto se inicie, para decidir una estrategia. Esto implica que el cliente estaba involucrado en el inicio y el final, pero no durante la realización del proyecto. La colaboración del cliente es lo opuesto a esto. El manifiesto planteaba que un cliente ideal es aquel que está involucrado en los procesos y colabora con el equipo mientras el proyecto está en ejecución. Los resultados de este método demostraron la satisfacción de las compañías con entregas más fáciles, que cumplían con las expectativas del cliente, y, en consecuencia, eran más apreciadas por este. En ocasiones, el cliente solo participa durante determinados eventos, como demostraciones, pero no es raro encontrar a un cliente dentro de algún equipo, en las reuniones, y revisando el proyecto para asegurarse de que sus expectativas sean alcanzadas al final.

Antes, el cambio era un problema. Era un gasto. Se planificaba teniéndolo en cuenta para intentar evitarlo. Planear de esta manera era detallar cada paso necesario en el proceso del proyecto. Esto incluía una larga lista de ramificaciones donde cada acción era de suma importancia. Además, estas ramificaciones generalmente dependían de las entregas de otras partes del proyecto que hubieran sido completadas. Era como un gran rompecabezas, donde ninguna pieza podía ser colocada si la anterior no estaba ya en su lugar. El método ágil cambia esto. La importancia se mueve de una iteración a la siguiente dependiendo de lo que se necesite, y se espera que el cambio forme parte de cada iteración y del proyecto en su totalidad. Esto implica que el resultado final es más valioso. El cambio ahora no es un problema.

Los Doce Principios

También debes conocer los doce principios presentados en el manifiesto. Estos son los que delinean cómo debe ser el ambiente en una compañía exitosa donde los cambios son bien recibidos y aplaudidos, y los clientes están en el centro del proceso. Además, estos principios nos enseñan cómo aplicar este tipo de gestión a una compañía.

A continuación se describe cada uno de ellos:

1. *"La satisfacción del cliente a través de la entrega temprana del software con valor"*

    En lugar de esperar mucho tiempo para obtener el producto, un cliente se siente más satisfecho cuando puede ver, con regularidad, cómo funciona el producto en cada una de sus etapas de desarrollo.

2. *"Aceptar los cambios de los requisitos, incluso en etapas tardías del desarrollo"*

    El proyecto requerirá de cambios. Los requisitos cambiarán, o se necesitará cambiar una característica. Es necesario llevar a cabo estos cambios sin que causen un retraso en la entrega del proyecto.

3. *"Entregas funcionales y frecuentes del software"*

    Los productos con funcionamiento consistente son posibles gracias a las iteraciones dirigidas por el Scrum master.

4. *"Colaboración continua entre los responsables del negocio y los desarrolladores durante todo el proyecto"*

    Integre a su equipo empresarial y su equipo técnico. Cuando ambos trabajen juntos, notará cómo mejora la toma de decisiones.

5. *"Apoyar, confiar y motivar a las personas involucradas"*

Si su equipo no es feliz, sus miembros no estarán motivados. Los equipos desmotivados no trabajan bien. Por el contrario, un equipo feliz y motivado trabajo mejor. Su objetivo debe ser alcanzar lo segundo.

6. *"Permitir la comunicación cara a cara"*

Su equipo debe mantenerse unido. La comunicación cara a cara tiene un gran valor durante las iteraciones.

7. *"El software funcionando es la medida principal del progreso"*

La mejor manera de determinar el progreso del proyecto es monitorear el funcionamiento del producto que piensa entregarle al cliente durante cada fase del proyecto.

8. *"Los procesos ágiles promueven el desarrollo sostenible"*

Aunque el proceso no es lo más importante, se convierte en un hábito. Y con cada proyecto que complete utilizando este método, el hábito se hace repetible y predecible. Puede tener una aproximación sobre la velocidad con la cual su equipo trabajará constantemente.

9. *"La atención continua a la excelencia técnica y al buen diseño mejora la agilidad"*

Para enfrentar los cambios, aumentar las ganancias y mantener la velocidad de entrega, deberá asegurarse de que sus equipos cuenten con las habilidades necesarias para realizar un trabajo de calidad.

10. *"Simplicidad"*

Asegúrese de que su producto cumpla con las expectativas, y no más que eso, en una fase determinada.

11. *"Las mejores arquitecturas, requisitos y diseños emergen de equipos auto-organizados"*

Apoyar a los demás en la producción de productos excelentes, participar con los compañeros de equipo, tener control sobre su parte del proceso, y poder tomar decisiones son las características y acciones de un miembro de equipo motivado.

12. *"Reflexiones regulares sobre cómo ser más efectivo"*

Permita que sus equipos mejoren su eficiencia al apoyar la mejora de los procesos, su habilidad y sus sistemas.

Capítulo 5: Tres Principios Exclusivos

Aunque el método ágil parezca infalible, no debe considerarse una receta mágica para resolver cualquier problema. No puede abrir un libro que explique el método y encontrar un plan para seguir; solo encontrará consejos para que sus procesos ágiles sean exitosos. A continuación, encontrará tres principios exclusivos que pueden aumentar su productividad si son implementados.

1. *Haga que su ciclo de feedback sea corto*

Aunque muchas personas reconocen la importancia de un proyecto ágil, tienen problemas para definir cómo. En otras palabras, un principio fundamental recae en los tiempos cortos entre el trabajo y recibir feedback del cliente acerca del producto. Gracias a este sistema, se puede evitar la pesadilla de pasar mucho tiempo trabajando en un proyecto que será rechazado por el cliente al ver que los resultados no fueron los esperados. Los clientes están involucrados en los procesos, dando y recibiendo feedback a diario o cada vez que concluye una iteración. Este feedback es incluido en la próxima iteración. Además, un producto funcionando puede ser entregado al cliente después de un ciclo de producción. Esta entrega puede darle a sus equipos una gran cantidad de reseñas valiosas para cambios futuros. Cuando el feedback es incorporado en la próxima entrega, el cliente puede apreciar más el valor del producto y el trabajo de su compañía. Esto evita la necesidad de revisar planes que fueron establecidos antes de que los desafíos del proyecto se presentaran.

Otro componente que puede ser usado en un proyecto ágil es la creación de una prueba para la tarea que se esté realizando para determinar sus aplicaciones prácticas en el proyecto. En un ambiente ágil de desarrollo de software a esto se le conoce como Desarrollo Guiado por Pruebas (TDD por sus siglas en inglés). Los programadores hacen una prueba para su iteración del proyecto para comprobar su utilidad antes de reportar que está completa. Si la prueba es superada, está lista. De lo contrario, los programadores tienen la oportunidad de encontrar y solucionar el problema antes de que afecte a otras partes del proyecto. Este proceso motiva a los miembros del equipo a encontrar soluciones fáciles y rápidas. No hay necesidad de conectar iteraciones del proyecto o tareas de manera innecesaria. Este concepto promueve la simplicidad. En un ambiente de programación, tener un código simple hace que sea más fácil adaptarlo a los cambios. Aunque el feedback no provenga del cliente, es un método para acortar los ciclos de feedback. Puede que haya escuchado algo referente a este concepto con otro nombre, como Desarrollo Guiado por el Comportamiento (BDD por sus siglas en inglés), o Desarrollo Basado en Pruebas de Aceptación (ATDD), pero hay diferencias entre estos enfoques a pesar de su similitud.

2. *Trabajos Ágiles desde el Interior*

Los productos internos necesitan ser mejorados constantemente. Esto implica que necesita saber qué hacer para que su ambiente interno se mantenga competitivo para ofrecer siempre lo mejor a los clientes. Necesita mejorar constantemente. Cuando uno dirige una compañía de primera que ofrece valor a sus clientes, habrá mucha competencia por sus posiciones disponibles. Piense en compañías innovadoras como Microsoft, Netflix, Facebook, y Google. Las personas compiten por trabajar en ellas porque no solo proveen a sus clientes con productos de valor, también garantizan excelente condiciones laborales. Además, este tipo de compañías se centran en mantener unidos a sus equipos de desarrollo y operaciones para obtener los mejores resultados. Los desarrolladores trabajan en el producto, completan las iteraciones y hablan sobre Scrum. Los operadores son administradores y expertos que se encargan de la distribución y colocación del producto en el mercado. En un ambiente tradicional, los desarrolladores crean el producto y luego lo pasan a los operadores para su colocación. Después, estos se encargarán de las operaciones del producto para asegurarse de que este funcione adecuadamente. El desafío de esta era es integrar ambos para ser más ágil.

Esta integración es fundamental para romper con las barreras que dividen ambos departamentos. Los dos comienzan a trabajar juntos para ayudarse en el diseño y automatización. Esta colaboración interdepartamental interna es vital para el éxito de una compañía ágil. Esta permite que cada rol reciba el feedback necesario para desempeñarse mejor y producir más valor. Ya no se trata de pasar un testigo, ahora es un deporte de equipo.

3. *El énfasis está en el valor del negocio*

Lo ideal es tener un objetivo en base al cual puedas medir tu progreso, para tener un feedback corto. Esto implica que el resultado de cada iteración es un producto que funciona de manera simultánea con otros productos. Pero el propósito general no depende de una sola función. Este es el valor obtenido por el negocio, especialmente el negocio del cliente. Su objetivo es proveerles una solución, enganchar a sus clientes u obtener más recursos.

Un proceso de gestión tradicional enfrenta un problema común: el concepto del producto final es forzado desde el comienzo, previo a cualquier feedback o prueba del éxito de un enfoque. Durante el proceso, el cliente trabaja con usted para crear una lista de necesidades, y luego depende de usted el desarrollar lo que considere que cumplirá con esas necesidades. En este tipo de procesos, no hay interacción con el cliente, pero el verdadero desafío yace en la dependencia a la lista hecha al principio, en vez de proveer al cliente con valor real. Asignarle la culpa del fracaso del proyecto a la lista no es efectivo. Un producto solo funcionará si satisface las necesidades del cliente, y, más adelante, las del usuario.

Hacer que su ciclo de feedback sea corto, asegurarse de que ágil funciona dentro y fuera, y el énfasis en el valor del negocio y el producto son los tres principios fundamentales de una compañía y proyecto ágil. Ellos son los que han llevado a los negocios más exitosos de su rama de la industria a las alturas que la competencia mediocre jamás podrá alcanzar. Si se centra en estos principios, seguramente podrá aumentar la probabilidad de éxito de sus procesos y de su compañía.

Capítulo 6: Prueba de Indicadores Ágil

No es difícil aventurarse a aplicar el método ágil. Si no busca la asesoría de profesionales preparados para implementar este sistema en su negocio, tendrá un montón de opiniones sobre cómo debería hacer o cuál es la manera correcta. Aunque una de estas prueba no garantizará que tenga éxito, le ayudará a comprender si está listo para seguir este enfoque. El propósito de este capítulo es presentar consejos básicos sobre cómo implementar ágil en sus proyectos.

Sus Necesidades o las Necesidades del Proyecto

Los "expertos" abundan cuando las personas se enteran de que está pensando implementar este sistema. Pocos de ellos serán expertos reales, con las habilidades desarrolladas a través de la experiencia y las certificaciones necesarias, pero la mayoría tendrá una preparación similar a los primeros, sin experiencia práctica. Aunque ambos pueden ayudarle, solo puede confiar en un tipo de experto. El otro provocará más daño que beneficio. Para asegurarse de contratar a un experto y no a un novato, considere la siguiente pregunta: "¿Cómo puede ayudarme?" Con esta simple pregunta podrá identificar cuáles son sus necesidades antes de gastar tiempo y dinero trabajando con un profesional.

También debe considerar qué procesos o métodos de ágil quiere implementar. De la misma manera que existen cientos de expertos, hay muchas formas de adoptar el método ágil en su compañía. La metodología perfecta encaja con todas las necesidades de su compañía, su cultura y su ambiente. Esto puede reflejar la sencillez del método ágil, pero también implica que se necesita ser pragmático con el mismo. Para elegir el mejor proceso, pregúntese: "¿Qué encajaría mejor en mi ambiente laboral?" Con esta pregunta, se asegurará de considerar la cultura de la compañía antes de escoger alguna forma de ágil.

Otra necesidad que debe considerar es cómo medir el proceso y cómo este se mezcla con sus equipos, liderazgo y organización en general. Una medida puede estar basada en números, observaciones o puede ser situacional. Por ejemplo, podría establecer una cantidad de proyectos ágiles que espera que sus equipos desarrollen y esperar a ver si pueden completarlos a la velocidad esperada. También puede observar las interacciones de sus equipos para determinar si sus enfoques son más ágiles o tradicionales. Observe cómo las personas interactúan entre sí o pregúnteles sobre las tareas que se encuentran realizando para averiguar si su enfoque está alineado con los principios y valores de un ambiente ágil. Una medida situacional observa el proceso, proyecto o procedimientos y los compara con los desafíos del mundo real. Como el objetivo de ágil es la producción de productos funcionando sobre los procesos, es importante que la producción esté orientada a cumplir expectativas reales en vez de ideales. Sin importar qué tipo de medición utilice, debe preguntarse si son las apropiadas para los resultados o, simplemente, si le hacen sentir bien sobre su trabajo. ¿Son indicadores del progreso del proyecto o de su orgullo? Hacerse esta pregunta le ayudará a encontrar una respuesta: "¿Cómo me aseguro de que mis mediciones ofrecen valor e información para producir los resultados que espero para que mis equipos tomen decisiones basados en los datos arrojados?

Su Enfoque y la Simplicidad

Con tantas opciones disponibles, ¿cómo puede asegurarse de que sabe cómo incorporar ágil en sus procesos y alcanzar el éxito? Afortunadamente, uno de los principios centrales de ágil es su simplicidad. Debe centrarse en mantenerlo así, simple, para que la producción siga siendo su norte. Una forma simple de implementar ágil en su compañía es comenzar por los conceptos básicos y compararlos con los aspectos más relevantes de su compañía: las necesidades de su negocio, empleados y clientes. Con esto en mente, puede ajustar su enfoque ágil mientras mide sus resultados constantemente para aumentar su producción. A continuación, se presenta una lista de indicadores para comparar que está concentrado en mantenerlo todo simple:

1. *¿Sigue los lineamientos del Manifiesto Ágil?"*

   Para comprender ágil y cómo adoptar sus conceptos centrales en su compañía, debería leer el manifiesto. Luego, internalizar los principios y valores. Afortunadamente, ya los conoce gracias al capítulo anterior, pero si aún no le ha quedado claro el significado de alguno o cómo funcionan dentro de su entorno, deberá estudiarlos más a fondo. Considere estudiar estos principios a través de las palabras que mejor entienda, así podrá utilizarlos para tomar sus decisiones. Asegúrese de que estas palabras estén alineadas con las intenciones de los autores. Cuando de los primeros pasos de implementación de este sistema en su compañía, sería útil que todos sus empleados y líderes realicen este ejercicio también.

2. *¿Qué utilizará para medir su desempeño ágil?*

   Aunque hay un capítulo en este libro que identifica tres principios centrales del entorno ágil, puede que estos no sean los más relevantes para sus clientes. Si este es el caso, revise cada principio y escoja los que se ajusten mejor a su compañía. Estos no deben ser elegidos bajo una sola perspectiva. Reúna a su equipo, inicie talleres o conferencias, y que todas las personas involucradas tomen la decisiones de cuáles son los tres principios más importantes desde una perspectiva integral.

Lograr esto es una prueba en sí misma. Si inicia varios talleres con sus empleados pero no obtiene respuestas homogéneas, necesita detener este proceso y solucionar este problema cultural primero. Todo su personal debe estar en la misma página. El riesgo de no solucionar esto estará en que sus empleados más importantes no se sentirán incluidos en las decisiones y trabajarán unos contra otros en lugar de buscar un resultado uniforme. En ocasiones, llegar a este estado de equilibrio es difícil, así que debe asegurarse de resolver esto antes de avanzar.

Cuando su equipo esté alineado y haya determinado cuáles son los tres principios más relevantes para su organización, utilizará estos para determinar cómo medir su prueba de indicadores. Estos serán sus Indicadores Clave (KI por sus siglas en inglés). Además, estos principios serán ahora la base de la productividad que espera alcanzar durante la ejecución de un proyecto ágil. Si un proyecto cumple con estos pasos, puede estar seguro de que su progreso y éxito serán los esperados.

3. *¿Cómo puede realizar una evaluación crítica?*

Al utilizar los indicadores clave identificados en el paso anterior, ahora debe determinar lo cerca o lejos que está de contestar cada pregunta. Una prueba de indicadores estándar utiliza una escala del 1 al 14 (en inglés Litmus Test, se traduce como prueba de pH, por eso el tipo de escala). En vez de eso, utilice una escala del 1 al 7. Esto provee un rango impar que le asegura las respuestas más claras. Un "1" le indica que está lejos de su objetivo, mientras un "7" le indica que el objetivo fue alcanzado. Tampoco debería ser la única persona evaluando el proyecto. Debe incluir a otros miembros y hacer hincapié en la sinceridad de las respuestas. Aunque no todos los miembros puedan participar en toda ocasión, algunos representantes de cada equipo deberían ser incluidos para que la información obtenida sea realista.

Necesita que la comunicación sea honesta y abierta. La intención detrás de las preguntas y respuestas debe ser transparente. En general, puede que algunos miembros no se sientan seguros de opinar en grupos grandes o medianos. Puede resolver esto creando un espacio para respuestas anónimas, como reseñas escritas en las cuales no aparezca el nombre del autor, o formularios de evaluación anónima. Permitir sesiones de entrevista puede ser beneficioso, pero no es efectivo en proyectos grandes.

4. *¿Qué acciones promoveré que estén alineadas con nuestro enfoque ágil?*

Después de revisar las respuestas relacionadas con sus Indicadores Clave, es importante que decida qué acciones tomar para encargarse de cualquier cosa que haya obtenido menos de un 6. Determinar sobre qué ítems recaerá la acción le permite tener una reunión con los empleados más importantes para decidir qué estrategias se implementarán para asegurar que los objetivos se cumplan. También es importante revisar las respuestas a las preguntas que tienen un rango amplio. Esto puede mostrar que los miembros de un equipo no se encuentran alineados, y estas diferencias deben ser resueltas.

Durante las próximas reuniones, pregunte cosas como, "¿qué debería ocurrir para acercarnos a un 6 o un 7 en este tema?" y, "¿qué cosas podrían hacer los dueños y los clientes para ayudarnos a cumplir las expectativas?" El resto de las preguntas puede centrarse en el método utilizado para llegar a un punto determinado del proceso, "¿qué podemos cambiar o mejorar para ser más ágiles?"

Recuerda que las preguntas y respuestas están diseñadas para determinar acciones relevantes, no para medir el orgullo. Esto implica pedir feedback acerca de las preguntas que resultaron en un número determinado. Pregúntele al equipo, "¿cómo podemos hacer que las mediciones sean más relevantes y provean las acciones necesarias para ayudarnos a ser más ágiles?"

Cuando los grupos acuerden al menos una acción para implementar como resultado de las conversaciones, dependerá de usted que estas se lleven a cabo y que cada persona se haga responsable. Después de la próxima tarea, debe hacer mediciones para asegurarse de que el desempeño es el adecuado para alcanzar la meta y continuar con las reuniones hasta que una solución, o un puntaje de 6 o 7, haya sido alcanzada.

5. *¿La evaluación y el crecimiento son continuos?*

    A medida que avanza en el proceso ágil, debe recordar que las necesidades y las metas cambian constantemente. Esto significa que sus procesos deben cambiar también. Siga revisando los conceptos principales y los procesos para asegurarse de que está ofreciendo los mejores resultados.

Ahora que puede someter sus procesos a una prueba de indicadores, la cual es personalizable dependiendo de su compañía, aquí tiene algunas preguntas básicas que puede utilizar para iniciar su proceso de medición:

1. ¿Los resultados deseados se materializarán con nuestras acciones actuales? ¿Estamos haciendo algo a diario para alcanzar las metas?

2. ¿Se permiten los cambios en nuestro proceso?

3. ¿Existe la colaboración diaria entre el cliente y nuestro equipo? Si no es diaria, ¿existe la participación de manera regular?

4. ¿Es posible cumplir el objetivo con la labor de los equipos?

5. ¿La comunicación cara a cara ocurre con mayor frecuencia que la comunicación indirecta?

6. ¿El producto funcionando mide nuestro progreso?

7. ¿El ritmo de trabajo actual es sostenible a largo plazo?

8. ¿Las decisiones y trabajo realizado son valiosos y adaptables al cambio?

9. ¿Las acciones realizadas son simples y certeras? Por ejemplo, ¿los equipos están tomando decisiones y actuando para solucionar problemas tan poco como sea posible?

10. ¿Tiene el apoyo para ser exitosos en su propio sistema auto-gestionado? ¿Tiene autonomía para organizar a sus compañeros según lo requiera la tarea?

11. ¿Existen las oportunidades para revisar y corregir sus conductas y acciones cuando es necesario?

Puede utilizar estas preguntas en conjunto con el sistema de puntuación del 1 al 7 para determinar cómo se están llevando a cabo los procesos ágiles, o puede hacer que sus miembros de equipos respondan "sí" o "no". Si todas las respuestas obtienen un "sí", puede estar seguro de que el sistema ágil funciona bien. Todas las respuestas que obtengan un "no" deben ser revisadas. Lo que quiere decir que los equipos deben ser interrogados para dar sugerencias sobre lo que se debe hacer para que la respuesta sea un "sí". La revisión continua y su éxito en el ambiente ágil implican que se realiza un trabajo valioso interna y externamente en pro de tus clientes, lo que le convierte en un jugador importante de su industria.

Capítulo 7: Metodologías Ágil - Lean, Scrum, XP, Kanban, Crystal, FDD

Sin importar qué metodología ágil implemente usted, las prácticas, características y filosofías serán muy similares. Las diferencias solo resaltan durante la implementación. La forma en que se aplican las prácticas, los términos y tácticas utilizadas, varían de método en método. En este capítulo, aprenderá más sobre varias metodologías populares como Scrum, Lean, Kanban Crystal y el Desarrollo Basado en Funcionalidades (FDD por sus siglas en inglés).

Scrum

Este podría ser el método más popular. Es una línea de trabajo simple que puede ser aplicada a una gran variedad de proyectos. Puede controlar y gestionar las iteraciones y proyectar incrementos de cualquier tamaño. En la última década, Scrum ha evolucionado para ser mucho más aplicable en un entorno ágil. Las razones por las cuales las personas eligen este método son simples. Es un método sencillo, productivo y útil.

El método consiste en el colaboración de un "dueño del producto" con varios equipos para encontrar y enlistar proyectos en una lista conocida como "bitácora del producto". Esta bitácora incluye las características requeridas, soluciones propuestas para los errores, requisitos que no funcionan, y más. Cuando se encuentra algo que debe ser completado, se diseña el producto funcionando necesario y se añade a la bitácora. El dueño decide las prioridades y los equipos, conformados por miembros de distintos departamentos, y acuerdan entregar partes derivables del producto en una iteración. Estas suelen durar 30 días en ser completadas. Cuando el dueño define la entrada en la bitácora y se inician las iteraciones, no se pueden añadir ítems adicionales a esta. Solo los equipos pueden alterar la entrada en la bitácora para añadir tareas adicionales. Después de completar la tarea y entregar el resultado, la entrada se revisa. Tras analizar las entradas, se deciden los pasos para la próxima iteración.

Cuando se adopta el método Scrum tras haber seguido gestiones de proyecto tradicionales, uno puede esperar una transición fácil. Todavía puede planear con antelación, pero la línea de tiempo se mueve más rápido, así como la comunicación y el feedback son más frecuentes. Los negocios y clientes que obtienen buenos resultados en el entorno de Scrum son aquellos que desean trabajar en equipo, ver entregables funcionando y dar feedback para las iteraciones siguientes.

Lean

Basado en el Movimiento Empresarial Lean, este método se enfoca en producir productos de valor para los clientes en un "flujo de valor" eficiente. Este incluye la forma en que planeas entregar el valor.

Los principios de un proyecto Lean son:

- Eliminar excedentes innecesarios
- Intensificar el aprendizaje
- Tomar decisiones cuando sea absolutamente necesario
- Proveer entregas de valor antes de que sean absolutamente necesarias
- Inspirar al equipo
- Moldear la seguridad
- Visualizar todo el panorama

Los excedentes innecesarios se remueven al darle prioridad a las tareas de mayor valor en el proyecto y completándolas de una en una. Esto permite hacer hincapié en un proceso de trabajo eficiente y veloz, mientras se da feedback seguro y rápido. Los equipos pequeños y miembros individuales toman las decisiones, lo cual les da total autoridad sobre sus procesos. Esto le permite a cada miembro del equipo ser útil y productivo a su manera.

Kanban

De manera similar a Scrum, Kanban permite que los equipos trabajen muy cerca. Este método se centra en la producción continua sin colocar las expectativas en el lugar de desarrollo.

Hay tres principios para el método ágil Kanban:

1. Visualiza el flujo de trabajo de un día. Imagina cómo cada componente trabajará con los otros.
2. Minimiza la cantidad de Trabajo en Progreso (WIP por sus siglas en inglés). Al mantener la cantidad trabajo a un nivel ligero en cualquier momento, los equipos pueden balancear sus esfuerzos sin sentirse agobiados.

3. Mejora el flujo. Asegúrese de que la iteración con la mayor prioridad sea completada y luego continúe con la siguiente en la lista.

La implementación de este método promueve un proceso de aprendizaje continuo, una colaboración fuerte y un flujo de trabajo por equipos definido.

XP o Programación Extrema

Aunque esta metodología es popular, es controversial. Al contrario que los métodos mencionados antes, la implementación de este es más rígida. Alineado con el manifiesto ágil, XP se enfoca en involucrar al cliente en el proceso, ciclos cortos de feedback, mediciones frecuentes, desarrollo constante, y la colaboración del equipo de manera que un producto funcionando sea entregado con frecuencia, idealmente en no más de tres semanas.

Los cuatro valores de XP incluyen: coraje, feedback, comunicación y simplicidad.

Sus doce prácticas son:

1. Equipo Completo

2. Planificación

3. Test del Cliente

4. Versiones Pequeñas

5. Diseño Simple

6. Pareja de Programadores

7. Desarrollo Guiado por las Pruebas Automáticas

8. Integración Continua

9. El Código es de Todos

10. Normas de Codificación

11. Metáforas

12. Ritmo Sostenible

Las "historias de usuario" son desarrolladas junto al cliente, basadas en su definición colaborativa de la prioridad de entregables. Mientras cada iteración se complete, tus equipos deben entregar funcionalidad de acuerdo a la alta prioridad de las "historias de usuarios" después de haber estimado y planeado el proceso para esa unidad. La línea de trabajo es simple y apoya al proceso para maximizar la productividad.

Crystal

Este proceso es más fácil y sencillo de adoptar que las otras metodologías presentadas hasta el momento. Crystal es un abanico de posibilidades como "Crystal Clear", "Crystal Yellow",

"Crystal Orange", etc. Cada una de estas versiones implementa elementos personalizables por sus equipos: la importancia del proyecto y las prioridades establecidas. Este enfoque surgió en respuesta a la necesidad de personalizar las prácticas, políticas y procesos que dependen de las características de un proyecto en particular. Los principios fundamentales de Crystal incluyen: simplicidad, comunicación, trabajo en equipo, y revisiones frecuentes para mejorar los procesos. Su alineación con el manifiesto ágil se produce porque Crystal involucra al cliente, se centra en el cambio y la adaptación, simplifica el proceso burocrático, y provee entregables funcionales tempranos y con frecuencia.

Método de Desarrollo de Sistemas Dinámicos (DSDM)

En la década de los noventa, una solución alternativa a los desafíos enfrentados por la industria del software fue llamada Desarrollo Rápido de Aplicaciones (RAD por sus siglas en inglés). Esta era más efectiva que cualquier propuesta anterior; sin embargo, no evolucionó de manera eficiente para cubrir con las demandas de la industria. Esto llevó a la creación de DSMD en 1994. El objetivo era implementar un estándar en la industria, así que esta era una línea de trabajo uniforme enfocada en la entrega rápida de proyectos. Desde 1994, DSDM, ha crecido para ofrecer un terreno inclusivo para que las compañías crezcan, se desempeñen, gestionen y planeen sus enfoques y proyectos ágiles.

Hay nueve principios detrás de esta metodología. Cada uno de ellos está centrado en base a las necesidades y valores del negocio, participación constante del cliente, equipos motivados, entregas continuas y rápidas, pruebas ejecutadas dentro de los procesos, y usuarios involucrados en los mismos. Dentro de este método, se promueve la filosofía de que el 80% de un entregable funcionando puede ser implementado con una inversión del 20% del tiempo total.

Las reglas por las cuales se rige el método fueron nombradas "MoSCoW" por sus practicantes. El acrónimo significa lo siguiente:

M- "Debe cumplir los requisitos"

S- "Debería incluir si es posible"

C- "Podría contener, pero no es necesario"

W- "No será incluido ahora, pero podría ser anexado luego"

El trabajo relevante es indispensable para lograr los objetivos, pero todas las partes del trabajo no entran en esta categoría. La mayoría del tiempo, los componentes críticos son incluidos en una iteración donde se manejan expectativas de "debería tener" o "podría contener", así que si hay tiempo podrían ser incluidos o podrían ser dejados de lado sin entorpecer las altas prioridades de la iteración. Es posible utilizar este método en conjunción con otros, o utilizarlo independientemente.

<u>Desarrollo Basado en Funcionalidades (FDD)</u>

Esta metodología es el resultado de la colaboración de muchas mentes importantes: Stephen Palmer, Jon Kern, Paul Szego, Lim Bak Wee, M.A. Rajashina y Jeff De Luca. Surgió entre las colaboraciones de Jeff DE Luca y Peter Coad, líder de pensamiento de la Programación Orientada a Objetos. Ellos idearon un proceso que reducía el número de iteraciones y estaba orientado a los modelos. Al principio, se forma un modelo general del proyecto. Después, el equipo completa las iteraciones en dos semanas. Estos tiempos cortos se utilizan para diseñar y construir un entregable. Cada característica es pequeña, pero es útil para el cliente. Al terminar estas iteraciones, el resto del proyecto es abordado con la intención de entregar las funcionalidades utilizando ocho principios primarios:

1. "Desarrollar un Modelo Global"

2. "Construir una Lista de Rasgos"

3. "Planear por Rasgo"

4. "Diseñar por Rasgo"

5. "Inspecciones"

6. "Configuración de Gestión"

7. "Estructuras Regulares"

8. "Visibilidad del proceso y los resultados"

Las prácticas como "Planear por Rasgo" y "Estructuras Regulares" son recomendaciones específicas para los desarrolladores que utilizan esta metodología. Los que tiene éxito con este método, plantean que es más fácil y escalable que otras opciones y que es mejor para equipos grandes trabajando en proyectos grandes. Lo que diferencia este método de los demás es que se identifica con intervalos de trabajo precisos que son independientes del trabajo total. En el ámbito de la industria de software, esto incluye promover la estructura, inspeccionar el código, programar, el diseño de inspección, y el diseño, entre otras.

Capítulo 8: Cómo Establecer Roles bajo esta Metodología

Crear un buen equipo es uno de los indicadores de éxito más importantes cuando se migra a un ambiente ágil. De hecho, esta migración no será exitosa sin la colaboración de equipos que trabajen juntos de forma efectiva y eficiente. Para establecer sus roles ágiles, debe hacer algo más que definirlos y asignarlos a los miembros de un equipo. Debe desarrollar cada rol con una intención clara dentro del proyecto, no solo como preparación para ejecutarlo.

Esto implica un cambio en la forma de pensar. No debe ser dominado por dudas como "¿qué se necesita para completar el proyecto y con quién puedo trabajar en eso? Estas preguntas pueden recaer en un rol definido, pero puede que el personal disponible pudiera no ser el indicado para satisfacer las necesidades de un equipo o el proyecto. Necesita reunir un equipo diverso y balanceado. Los miembros deberán tener tanto las habilidades para completar las tareas como buenas habilidades interpersonales para colaborar como un equipo. Estos deben ser flexibles, creativos, fiables y tener buena disposición. La combinación de las habilidades técnicas y estos rasgos de la personalidad son indispensables para crear un equipo dinámico y exitoso. El componente final para un equipo exitoso es el apoyo que les brinde usted y el apoyo que se brinden los miembros unos a otros. Esto va más allá de entrenarlos en cómo ser ágiles, también debe alentarlos y apoyarlos mientras se adaptan al proceso.

El enfoque de la asignación de roles también depende del tamaño del equipo. Por ejemplo, los entornos grandes proporcionan más opciones, pero complican más los roles. Un entorno pequeño permite modificar los roles con mayor facilidad, pero brinda menos opciones. Este capítulo ha sido dividido en dos secciones para ayudarle a definir los roles de su organización: equipos pequeños y equipos grandes. Los primeros son todos aquellos que cuentan con menos de 15 personas; los otros, aquellos con más de 50. Para los equipos que están en el medio, se deberían considerar todas las sugerencias mencionadas a continuación y tomar una decisión sobre cuál será el mejor curso de acción en ese caso.

Equipos Pequeños

En cada metodología los roles tiene nombres con variaciones ligeras. Sin embargo, muchas de las descripciones serán similares a los roles aquí mencionados. En ocasiones, encontrará títulos alternativos en las descripciones que le ayudarán a encontrar el mejor rol para el método que utiliza. Es importante recordar que un rol no es una posición en la compañía. Una persona puede tener roles variados y pueden cambiar con frecuencia dependiendo de lo que ocurra en su compañía o los proyectos. Además, es posible asignar el mismo rol a más de una persona, o a ninguna. A continuación, se mencionan los roles más comunes en los equipos ágiles pequeños:

Líder de Equipo

También conocido como "Scrum Master", "Coach del Equipo", "Líder del Proyecto". Es la persona encargada de supervisar a los equipos y reunir los recursos necesarios para el éxito de los mismos. También, debe proteger a los equipos de amenazas externas. Este es el rol más administrativo y, por lo tanto, requiere un mejor manejo de las habilidades interpersonales que las técnicas. De todas maneras, se considera mejor dejar cualquier componente técnico a cargo de los equipos.

Miembros del Equipo

También conocidos como "Desarrolladores" o "Programadores". Son los encargados de entregar las iteraciones del proyecto. Durante este proceso, estas personas hacen modelos, programan, prueban, y entregan funcionalidades.

Dueño del Proyecto

También conocido como "Cliente en el sitio", "Interesado Activo", o "Interesado". Este rol se asigna a la persona encargada de revisar la lista de pendientes y determinar las prioridades. Es el responsable de asegurarse de que las decisiones se tomen rápido y también de ofrecer información con prontitud.

Parte Interesada

También conocido como "Usuario Directo", "Usuario Indirecto", "Usuario Gerente", "Gerente Senior", "Gerente de Operaciones", entre otros. Este rol es asignado a la persona que está pagando por el proyecto, quien apoya al equipo de manera administrativa, revisa el trabajo o generalmente se encarga del personal. Todas las personas afectadas por el proyecto son consideradas partes interesadas en el proyecto y deberían ser incluidas como tal.

Expertos Técnicos

Son los responsables de ayudar al equipo a completar una iteración, pero no son miembros permanentes de la fuerza laboral. Por ejemplo, un arquitecto de sistema puede ser llamado para escribir un código o por alguna necesidad de base de datos requerida para el diseño y pruebas de un sistema. Ellos proveen al equipo con ciertas habilidades necesarias para resolver problemas y luego se retiran de la iteración.

Expertos

Estos también son miembros temporales de un equipo que colaboran con los miembros. Las personas a las cuales se les asigna este rol son expertos en algún área del conocimiento, como un experto en impuestos que viene a explicar los requisitos desde una perspectiva legal o un ejecutivo de un patrocinador que comparte la visión del proyecto con el equipo.

Tester

Generalmente, es más de una persona. Este grupo de personas no está involucrado en la producción de las funciones, pero suelen ser llamadas cuando el producto está listo para ser probado. Pueden trabajar con el equipo, pero su intervención radica en validar el trabajo del mismo. Muchas compañías utilizan este rol cuando tienen una buena dotación de personal, pero no es algo necesario para el éxito del proyecto. Si encuentra difícil mantener un equipo de testers independientes durante la duración del proyecto, considere solo asignar este rol en los proyectos más detallados y de mayor escala.

Equipos Grandes

Si su equipo consta de más de 20 personas, es momento de reconsiderar los roles asignados. Técnicamente, un equipo no es grande hasta que ha alcanzado más de 50 integrantes, pero el cambio de dinámica entre 19 y 20 es suficiente para ameritar cambios. Ahora cuenta con más personas. ¡Divida y conquiste! Puede tener dos equipos pequeños trabajando en lugar de uno grande. Lo ideal sería que estos equipos trabajaran de manera independiente para completar una iteración del proyecto. Esta idea es conocida como la "Ley de Conway", haciendo referencia a Melvin Conway, el hombre que enunció este concepto a finales de los sesenta. Los nuevos roles para equipos grandes incluyen:

Dueño de la Arquitectura

Este es el rol encargado de manejar toda la estructura de un proyecto. Ellos conducen al equipo a imaginar la estructura porque han sido parte del desarrollo de la visión desde el inicio. Este rol no debe ser confundido con un arquitecto tradicional porque no se trata de crear la dirección del proyecto entero; en vez de eso, busca asistir a la formulación y desarrollo del plan de trabajo.

Integrador

Cuando hay dos o más sub-equipos o equipos pequeños trabajando en un proyecto grande, en algún momento se debe integrar el trabajo. En ocasiones, existirá un equipo grande trabajando en una tarea complicada, mientras varios equipos pequeños harán lo propio en iteraciones pequeñas. Los integradores reúnen las piezas de varios equipos y comienzan a armar el proyecto final. Este rol funciona mejor con testers independientes que le han sido asignados, porque, mientras se integran las piezas, es importante comprobar si la combinación de las mismas funciona correctamente.

La Ausencia de Roles Tradicionales

Podría parecer que todos los roles tradicionales han sido eliminados, pero al leer con detenimiento, es evidente que esos nuevos roles ágiles son una combinación de lo que solía ser el Gerente de Proyecto o Analista de Negocios, con roles como el Coach del Equipo o Miembros del Equipo. Esto implica que las funciones de estos roles todavía están presentes, pero se manejan de una manera distinta.

La Ausencia de Roles Empresariales

El propósito de este capítulo fue identificar los roles organizacionales y de los equipos dentro de la metodología ágil, no los roles a nivel de apoyo empresarial, como el Administrador de la Empresa o el Gerente del Portafolios. Para manejar mejor la escalabilidad de los roles ágiles, necesita crear posiciones ágiles a nivel de la empresa. Aunque no tengan los mismos roles que los miembros de los equipos, deberían y tendrían que adoptar la mentalidad ágil para la mejora y el éxito de los equipos y la compañía en general.

Capítulo 9: Cómo Crear el Ambiente Adecuado

Cambiar los procesos no garantizará que el ambiente de su compañía se vuelva ágil. Los cambios deben ocurrir a nivel cultural. Esta es la parte más complicada. Supone un desafío por una cantidad de razones, como el miedo salir de la zona de confort, pero cuando se encuentra una solución a esto, puede comenzar a crear el ambiente ágil que desea. Primero, debe hacerse cargo de su cultura y demostrar como usted y todos los gerentes encargados de los equipos planean apoyar a todos para adoptar una mentalidad ágil.

En Compañías Pequeñas

Será más fácil crear este ambiente si carece de la complejidad de niveles presentes en las corporaciones grandes. Para crear esta cultura, es importante adoptar y practicar tres principios: los miembros de los equipos deben estar al tanto de cómo y qué clase de metodología ágil se implementará en la compañía, los directivos de niveles intermedios deben dejar de dirigir y empezar a hacer coaching, y los ejecutivos deben validar los principios de un ambiente ágil.

Un Gerente para la Metodología Ágil

Un Gerente bajo esta metodología no tiene función técnica. Operan como un guía interpersonal. No tienen la autoridad para dar órdenes a los empleados, pero se centran en construir una relación de respeto. Se comunican de manera efectiva, piensan analíticamente con el equipo, son diplomáticos, y escuchan para entender y mejorar las relaciones.

Para ser un gerente ágil exitoso, debe internalizar que usted no es el jefe de los miembros del equipo. No tiene ninguna autoridad sobre ellos, así que para lograr su buen desarrollo en el proyecto, debe convencer a sus superiores antes de pedirles que formen parte de su equipo. Antes de esto, los gerentes de nivel medio deben ser entrenados para entender ágil y expresar su apoyo por este cambio. No es efectivo convencer a un empleado si su supervisor no está de acuerdo. Por ejemplo, el gerente debe estar a favor de las reuniones de pie de 10 minutos durante las que los equipos presentan sus expectativas y noticias sobre el proyecto, las cuales ocurren a diario. Después del entrenamiento, la mejor manera de convencer a cualquier persona, sin importar el nivel, es demostrarles las aplicaciones de esta nueva mentalidad en su propio rol. Usted es el ejemplo que deben seguir cuando sientan que necesitan un guía.

Planee lo necesario

Esto implica organizar una planificación para lograr las entregas, nada más. Este tipo de plan se ofrece para no desviarse del camino antes de agregar más cosas. Es difícil crear el hábito de hacer esto, pero es esencial para el éxito de la compañía ágil. Sin embargo, este cambio de mentalidad le permitirá realizar entregas tangibles con mayor frecuencia.

Cuando el cliente recibe el informe del resultado de cada iteración, recibirá el feedback necesario para asegurarse de que el resultado final sea valioso para él. Debe seguir estas tres etapas si quiere lograr la satisfacción del cliente:

1. Defina las necesidades del cliente con claridad. Es importante que usted y su equipo sepan exactamente quién es el cliente y qué es lo que solicita.

2. Cree una relación fuerte con el cliente. Necesita conocerlo bien. Como gerente, es ideal comunicarse y acercarse al cliente antes de que el proyecto empiece, de esta manera este querrá mantener la comunicación durante el desarrollo del proyecto.

3. Abogue por el cliente durante el proyecto. Si no está presente cuando se discuten las tareas y sus prioridades, piense como el cliente y actúe para resguardar sus intereses.

Para Aquellos Sin Conocimientos Técnicos

Anteriormente, se mencionó que un gerente no necesita habilidades técnicas para hacer su trabajo, pero es importante que entiendan las expectativas del cliente y la habilidad del equipo para realizar las entregas. Si no posee conocimientos técnicos, considere lo siguiente:

- Promueva la realización de pruebas de funcionalidad con frecuencia y en dosis pequeñas. Esto le permite encontrar errores con el equipo antes de que se conviertan en un problema mayor.

- Promueva el uso de pruebas automatizadas para facilitar el trabajo del equipo.

- Conduzca pruebas diarias para detectar si hay errores ese día.

- Preste atención a la escala del proyecto para que el proceso pueda desarrollarse orgánicamente.

El énfasis está en el ambiente de trabajo del equipo y no en el código o proyecto a desarrollar. Asegúrese de que la comunicación se lleve a cabo cara a cara con la mayor frecuencia posible, y modele el comportamiento que quiere ver en su equipo. Esto implica que no puede ser más orgulloso que ágil. Cualquier crítica a sus conceptos no es sinónimo de un ataque personal. El ambiente ágil que haya creado se caerá a pedazos si piensa de esta manera. Sea positivo y constructivo, incluso cuando se enfade, y recuerde mantener el respeto hacia los demás sobre todas las cosas.

Cómo Dirigir su Propio Equipo

Es importante que guíe a su equipo desde la etapa de convencimiento hasta hacerse propietario. Cuando comience a implementar ágil en su compañía, el equipo empezará a aceptar los procesos. Para lograr esta transición, el equipo debe creer en el éxito del proceso y considerarlo un procedimiento común. En este punto, el gerente no necesita vigilarlos para que utilicen el método ágil; ellos querrán hacerlo.

Debido a la madurez y competencia de los miembros del equipo, no todos estarán a cargo del proceso al mismo tiempo. Afortunadamente, durante el proceso, estos problemas desaparecen de forma natural. Parte del proceso es dar recompensas por el esfuerzo realizado en el proceso ágil. Estas deberán estas basadas en la disposición de los miembros del equipo para colaborar.

Es importante reconocer en qué etapa de su carrera están los miembros del equipo. Los empleados nuevos están aprendiendo y adaptándose, y dependen de los demás para integrarse a la nueva cultura. Aquellos que contribuyen individualmente componen la mayoría de su equipo y tienen un rango de habilidades. Estos son los que necesitan tutoría. Son personas que ya encontraron su "zona de confort", así que les llevará más tiempo adaptarse al método nuevo. Los instructores en su equipo son aquellos que adoran compartir sus conocimientos con los demás. Si cuenta con personas como estas, pueden ayudar a motivar a los individuos a aceptar el cambio en lugar rechazarlo.

Conseguir el Apoyo de los Ejecutivos

El equipo ejecutivo irá al grano con sus preguntas: ¿por qué se debería implementar el método ágil, cuál es su valor en esta compañía, cuánto costará esta implementación, cuáles son los riesgos, y en qué nos ayudará?

Tener confianza y estar bien documentado sobre su enfoque ágil le ayudará a responder a estas y otras preguntas durante la conversación. Las respuestas variarán dependiendo de la compañía o los proyectos, así que debe ser claro sobre lo que presenta y realista en sus expectativas. Es aconsejable mantener una vía de comunicación abierta con el nivel ejecutivo en todo momento, para que formen parte del proceso constantemente.

Capítulo 10: Planeación de Sprint, Ejecución y Revisión

Durante los sprints (intervalos de trabajo), la colaboración de los miembros del equipo debería ocurrir de cierta manera para aumentar la producción de productos de calidad. Todo comienza el primer día de planificación. Aunque esto no es la típica planificación de gestión de proyectos: es planeación de sprints. Esto requiere que el equipo entero esté presente durante la planeación. Este paso es fundamental en la planeación del proceso. Debe haber una planificación previa antes de que el equipo se reúna. Se debe establecer la lista de pendientes para que los detalles y criterios estén claros. Luego, el cliente debe organizar esta lista y prepararse para discutir los objetivos del sprint con el equipo. Las metas deseadas deben ser un reflejo de las prioridades en la lista de pendientes. Finalmente, se debe estimar la carga de trabajo deseada para los equipos. Si ha hecho esto antes, entonces podrá determinar las cargas con mayor precisión. Sin embargo, puede haber imprecisiones en las primeras estimaciones. Se aconseja que haya discusiones posteriores con el equipo para alcanzar un equilibrio.

Planeación

Durante esta fase, su equipo y usted deben determinar qué tareas tienen mayor prioridad. De esta forma, mientras se completa cada sprint, puede estar seguro de que los resultados producidos son los más relevantes. Es un esfuerzo colaborativo. Para alcanzarlo, debe establecer un objetivo para el sprint. Este define e identifica el propósito del trabajo elegido. También define el proceso de colaboración y revisión de la manera que sea necesaria.

El objetivo es la guía para el plan de trabajo. Ahora que sabe qué es lo más importante para el proyecto final y qué debe completar primero, puede empezar a planear cómo llegar a este punto. Puede ser mediante un plan técnico o una estimación del trabajo necesario para completar el sprint.

Este proceso no requiere de la presencia del cliente y, en la mayoría de los casos, resulta mejor que no estén durante esta etapa para promover su posesión; pero deberían estar disponibles si surgen dudas o se necesita explicar algo. Cuando el equipo ha completado el plan, deberían sentirse lo suficientemente confiados como para predecir el resultado de un sprint en función del objetivo. Luego, pueden iniciar la ejecución del plan mientras los procesos se llevan a cabo de acuerdo a la planificación.

Ejecución

Los equipos realizarán sus tareas todos los días. Necesitarán trabajar juntos y llevar un registro de cómo estas se llevan a cabo. Durante la ejecución, los equipos pueden reportar su progreso en una tabla designada para sus tareas y revisar el gráfico de *burndown* para identificar qué tareas todavía no han sido completadas. La consistencia de estos reportes es esencial para el éxito y la dependencia en el resto del equipo.

Otra parte de la ejecución incluye las reuniones día de Scrum de 10 a 15 minutos. Estas deberían llevarse a cabo todos los días a la misma hora y en el mismo lugar. En ellas, los equipos presentan sus planes sobre cómo avanzar hacia el desarrollo de los objetivos. Solo los miembros de equipo deberían estar presentes en esta reunión y todos los presentes deben participar. La participación consiste en explicar lo que se hizo el día anterior para alcanzar las metas, qué se planea hacer en el día con este objetivo y a qué desafíos se enfrentan. Cuando la reunión termina, se debería de haber creado un plan para el día. En este se presenta información, como la manera en que el equipo planea alcanzar sus metas y qué tipo de colaboración es requerida para esto. Los desafíos enfrentados por los equipos deberían ser presentados por el líder de Scrum y el cliente.

Otra parte de este proceso incluye la revisión frecuente de la lista de pendientes. Esto no ocurre a una hora o lugar fijos, pero, cuando los cambios ocurren, la lista debería ser revisada. Cada equipo decidirá con qué frecuencia y cuándo revisarla, pero un buen hábito sería revisarla a diario. Independientemente de cuándo se haga, el tiempo para realizar estos reajustes no debería llevar más del 10% del tiempo del sprint. Si esto implica que no se puede hacer una revisión diaria, debe hacerse al menos con frecuencia, para que el proyecto no se salga del límite de tiempo establecido.

Cuando se revisa la lista, el grupo debe identificar cada elemento y revisar el alcance y criterios requeridos para completar la iteración. Luego, el equipo dividirá los ítems grandes de ser necesario y refinará los detalles. Se utiliza un temporizador para evitar que el equipo gaste mucho tiempo en el proceso de refinación. Cuando se acaba el tiempo, el equipo hace una pausa y se discute durante la próxima sesión planeada para los ajustes. Esto se repite, partiendo del último punto refinado, hasta que el proyecto haya sido completado.

Este esfuerzo colaborativo no se realiza al margen de las reuniones de Scrum y sesiones de refinación. Es consistente. El equipo es responsable del éxito o fracaso del producto. Los miembros del equipo proveen feedback, piden o dan ayuda, y encuentran qué trabajo debe ser realizado tras hacer sus contribuciones.

Revisión

Si se alcanza el objetivo del sprint, es probable que haya sido el resultado de la colaboración del equipo a través de los riesgos y desafíos. Los equipos habrán trabajado en las tareas pendientes (*burndown*) para asegurarse de que el trabajo fuera completado a tiempo y hayan involucrado a las partes interesadas en el proceso. La etapa final del proceso debe ser un evento positivo o motivacional, incluso si el resultado no resulta ser tan bueno como se esperaba. Pero esto no implica que no debería haber preparación para ir a la reunión. Este período de revisión le permite a los equipos demostrar cómo su trabajo contribuye al valor del proyecto final. También es la mejor oportunidad de involucrar a las partes interesadas para que vean los resultados. Asegúrese de invitarlos con antelación para que puedan estar presentes.

La revisión de los sprints también le permite evaluar su trabajo y adaptarlo para próximos sprints. Las revisiones de desempeño son compartidas, se puede dar feedback, y aprender lecciones sobre las prioridades de la lista de pendientes. Si todavía queda trabajo por hacer, este puede ser revisado y añadido a la lista si es necesario.

Retrospectiva

El proceso de revisión se centra en el valor que los productos y entregables le dan al proyecto. En él se discute el trabajo que se llevó a cabo y el que no se realizó. Cuando termina, comienza la retrospectiva. Esta se centra en el proceso que un equipo siguió para completar el sprint. Se trata de identificar el proceso más eficiente. Se aconseja tener esta reunión tan pronto como sea posible antes del proceso de revisión. Esto sería lo óptimo porque la revisión da una perspectiva distinta de las ideas a ser discutidas durante la retrospectiva.

Todos pueden asistir a la retrospectiva, cuanta más participación haya, mejor. La razón para promover la asistencia de todos es que cada persona involucrada en el sprint se sienta en posesión del proyecto. Esta sesión debe ser clara y honesta para permitirle a las persona ventilar sus emociones y observaciones con la vista puesta en la resolución. En esta reunión no existe ninguna jerarquía. El Scrum Master encamina la reunión y promueve la discusión siguiendo una línea: qué tan bien se dieron los procesos en esta ocasión, cómo fue dividido, qué piensan los participantes que se debe mejorar, y elogiar el desempeño individual de los miembros. Otro punto de la reunión es presentar una línea de tiempo visual del sprint para ayudar a los presentes a recordar ciertas acciones realizadas durante el proceso.

Capítulo 11: Control de Calidad

En un proyecto ágil, tener un control de calidad implica que los procesos de entrega de productos de valor están bien manejados. La satisfacción del cliente es la medida principal de la calidad del producto. Debido a su estrecha relación con el proceso ágil, se puede asumir que el control de calidad es una parte natural del proceso. Se puede abordar el control de calidad a través de las siguientes:

- El ciclo de vida de un proyecto ágil

- Los roles asignados en un proyecto ágil

- El inicio y el alcance del proyecto ágil

- La planificación y estimación del proyecto ágil

- La ejecución, monitoreo y control del proyecto

- El control total de la calidad del proyecto ágil

- El control de riesgos del proyecto

- El manejo de los cambios en el proyecto

- El cierre del proyecto

Control y Garantía de la Calidad en un Proyecto Ágil

La "Garantía" se refiere a las actividades planeadas; el "Control", a la implementación de los planes. En un sistema de gestión tradicional, estos ocurrían cuando el gerente diseñaba un plan detallado para el proyecto. En un proyecto ágil, ambos ya están incluidos en el proceso. Esto ocurre porque se espera que el equipo ágil cumpla con las expectativas recientes definidas por el cliente y no lo que fue diseñado por el gerente del proyecto, en ocasiones meses antes del sprint actual. El cliente es parte del progreso diario del equipo; de esta manera, pueden guiar el proceso de manera continua. Aunque su participación no es completa, pueden estar presentes para revisar y asegurarse de que todo marcha de acuerdo a las expectativas.

Otro factor es el tiempo total. Este concepto implica que hay un tiempo establecido para cada entregable. Durante este tiempo, el equipo debe crear un producto funcionando y de valor para el cliente según las prioridades de la lista de pendientes. Este proceso se beneficia de las revisiones informales y las lluvias de ideas documentadas. Si hay una reunión, debe asegurarse de que alguien se encargue de tomar apuntes para llevar un registro de los temas principales que fueron revisados. Estos pueden ser enviados a los equipos después de las reuniones como recordatorio. También pueden ser enviados al cliente u a otras partes interesadas.

Cuando se termina el tiempo establecido, se convoca una reunión de revisión. No obstante, puede realizar más de una de estas reuniones en cualquier punto del tiempo total, en especial si el tiempo establecido es cercano a cuatro semanas. La documentación de este proceso es, posiblemente, uno de los aspectos más importantes del mismo. Algunas metodologías hacen de esta documentación un requisito, mientras que otras solo la recomiendan. En cualquier caso, es una buena idea promover la práctica de documentar el proceso siempre y cuando no lleve demasiado tiempo el completarla.

Otras garantías y controles establecidos dentro del proceso ágil incluyen:

- Reuniones frecuentes para actualizaciones de estado

- Pruebas de unidad automatizadas

- Pruebas de aceptación

- Intentos de mejoras

- Pruebas de regresión

- Pruebas exploratorias

- Pruebas de especialistas

- Mediciones y revisiones de códigos

- Incorporación constante

- Espacios de información

- Revisiones de proyecto programadas previamente

Las reuniones diarias satisfacen las expectativas de reuniones frecuentes. Los productos son probados mientras son desarrollados para comprobar que funcionan al 100%, como se supone que deben funcionar. En ocasiones, las pruebas pueden ser desarrolladas antes de tener un producto. Otras pruebas, como las de aceptación, regresión y exploratorias, requieren de la definición de un problema y la creación de un plan para solventarlo. Una prueba de aceptación debería ser un proceso automatizado que asegura que el cliente está de acuerdo con la dirección del proyecto y las iteraciones. Mientras más sprints se completen y se añadan más piezas de otros equipos, es importante realizar una prueba de regresión. Tras realizar los cambios, ¿los resultados no cumplieron con las expectativas? De nuevo, esto debería ser un proceso automatizado.

La prueba exploratoria es una prueba sin guión para mostrar cuáles son los desafíos que han aparecido. Algunos de estos pueden y deben ser atendidos de inmediato, mientras que otros pueden ser agregados a la lista de pendientes y resolverse después. Las pruebas de especialistas se refieren a las pruebas adicionales centradas en los resultados de un ítem particular, no el sprint completo o el proyecto. El desarrollo basado en pruebas es una prueba de medición. Es otra prueba automatizada y muestra si el producto cumple o no con los requisitos del cliente.

Las revisiones y mediciones permiten a los testers tener una idea de qué deben comprobar. Esto puede llevarse a cabo a través de métodos tradicionales, como revisar el código o programación en pares. En un ambiente ágil estándar se guarda información sobre el éxito del proyecto. El propósito de las mediciones es asegurarse de que cada tarea es valiosa y de la más alta calidad durante la ejecución del proyecto. Parte de este proceso incluye una prueba automatizada de regresión durante la revisión. En ocasiones, esto puede ocurrir varias veces en un mismo día.

El espacio de trabajo para sus equipos debe motivarlos y mantenerlos informados. Las gráficas presentes en la habitación deben incluir: planes de tiempo máximo disponible (Timebox), gráficas de trabajo pendiente (Burndown), estado actual de la estructura (Current Build Status) y más. Esto le da la oportunidad de revisar la calidad en cada situación. La función de la revisión final es mostrar el proyecto completo. Esto da tiempo para celebrar y recolectar ideas sobre qué cosas pueden hacerse mejor en el próximo proyecto.

Mejorar la Calidad

Las revisiones y retrospectivas son utilizadas para reflexionar sobre un proyecto ágil. El tiempo utilizado en estas reuniones está designado para dar informes honestos de cómo funcionaron los procesos y el marco de trabajo y cómo puede mejorarse la próxima vez. Si algún cambio importante aparece fuera de estas reuniones, se describe en una "historia de usuario" para su implementación futura. La mayoría de las veces, esto se convierte en un sprint nuevo. De lo contrario, los cambios pequeños pueden ser agregados al próximo sprint para una adaptación rápida.

Estas mejoras están basadas en uno de los principios de ágil: "En intervalos regulares, el equipo reflexiona sobre cómo volverse más eficientes, luego ajusta su conducta de manera apropiada".

En una gestión tradicional de proyectos, el control de calidad y las mejoras pueden suponer un proceso complicado, quitándole tiempo. Con un enfoque ágil, el monitoreo y revisiones son constantes durante todo el proceso, de principio a fin. Este enfoque de inspeccionar y equilibrar implica que debe desviarse mucho para asegurarse de que su entrega cumplirá con las expectativas de su cliente y de la compañía.

Capítulo 12: Control de Riesgos

Al igual que el tema del capítulo anterior, control de calidad, el control de riesgos es una parte inherente del proceso ágil. Hay muchos factores que condicionan el éxito de un proyecto, los cuales no son parte del proceso ágil, pero cuando son tomados en cuenta, los riesgos pueden ser minimizados. Incluir un plan de control de riesgos en su proceso ágil puede ser de mucha ayuda para su desarrollo. Existen seis pasos en el círculo de control de riesgos del proceso ágil. Estos son:

1. Identificación
2. Categorización
3. Medición
4. Diseño
5. Ejecutar el plan
6. Repetir

Los Conceptos Fundamentales

Un riesgo implica la posibilidad de fallar, sin importar lo preparado que esté su equipo y plan ágil. Esto es porque los riesgos ejercen su influencia sobre el proyecto y los resultados de manera incierta. Al analizar un riesgo, el equipo remueve la incertidumbre de la ecuación minimizando el efecto que este puede tener en el resultado del proyecto. La Mitigación de Riesgos o Control de Riesgos es un plan diseñado por el equipo para anticipar, aislar o aliviar los efectos del riesgo.

Aunque el cambio es algo presente en el ambiente ágil, los riesgos no son la misma cosa. Por esta razón, necesita entender y aceptar que, sin importa el tamaño de su compañía o el proyecto, se enfrentará a ciertos riesgos. Planificar en función de riesgos potenciales implica que puede minimizar sus efectos cuando se hagan presentes.

Los Pasos del Control de Riesgos Ágil

1. *Identificación*

   Los riesgos poseen dimensiones. Algunas pueden ser útiles o nocivas, o una mezcla entre ambas. Las otras dimensiones del riesgo incluyen las influencias internas o impactos externos. Puede analizar sus dimensiones al identificarlas con un análisis de Fuerzas, Debilidades, Oportunidades, y Amenazas (análisis SWOT por sus siglas en inglés). El control de riesgos busca información derivada del análisis de las dimensiones del daño.

2. *Categorizar*

   Tras identificar los riesgos, es necesario categorizarlos. Esta categorización se hace en función del área del proyecto que podría ser afectada, la probabilidad de que el riesgo se manifieste, y el impacto total que podría tener en el resultado final. Las cosas como el alcance o recursos son de interés e impacto para los miembros del equipo de desarrollo, mientras otras áreas afectan a todos, como el presupuesto o la seguridad.

3. *Medición*

   Cuando los riesgos han sido identificados y categorizados, es el momento de medirlos. La mejor manera es evaluarlos desde dos vectores: impacto y probabilidad. En este momento, se requiere de la asistencia de un profesional, en especial si se trata de un riesgo de seguridad. El cliente no es un miembro técnico, así que es posible que no sean expertos en el área en la cual ha sido clasificado el riesgo. Por esta razón, deben encontrar a alguien que sepa cómo explicar las mediciones de manera objetiva. En ocasiones, esta persona puede estar en uno de los equipos; otras veces, deberá contratar a alguien para que haga esto. Esta separación del cliente y las mediciones de riesgo eliminan la presión real o percibida para producir algo, haciendo que el equipo se vea mejor a pesar del riesgo inherente. Después de que se presente la matriz, debe reunirse con el equipo y discutir en cuál de los dos puntos principales se clasifican los riesgos, y colaborar para encontrar soluciones potenciales a los problemas que podrían surgir. Este es el momento apropiado para compartir todos los pensamientos relacionados con el riesgo identificado. Durante esta discusión, no es raro descubrir riesgos adicionales que no fueron evidentes antes. El impacto es la medición del efecto que podría tener sobre el proyecto. La probabilidad se refiere a la posibilidad de que el riesgo se presente en una fase determinada del proyecto. Ambos términos pueden ser medidos en escalas del 1 al 10. Evalúe donde va su riesgo en relación con ambas y luego multiplique ambos números. Este es el Valor del Riesgo. Ahora puede encargarse de los riesgos con los valores más altos.

4. *Diseño*

Tras identificar los riesgos críticos que acechan el éxito de su proyecto, necesita planear cómo los abordará. Esto puede hacerse con un plan en profundidad, pero sin salirse del ambiente ágil. La simplicidad siempre es la mejor opción. En esta fase es importante utilizar las palabras adecuadas, ya que estas pueden hacer que los miembros del equipo o las partes interesadas tomen ciertas acciones sin que hayan sido pedidas directamente. Estas son algunas de las maneras de mencionar los riesgos:

- *25+- Crítico-* Se debe tomar acción inmediata, vigilando el progreso diariamente.

- *15-20- Serio-* Monitoreo semanal. Se debe involucrar a los gerentes de ser necesario.

- *6 -12- Moderado-* Monitoreo y revisión mensual.

- *1-5- Mínimo-* Revisar cada trimestre. No tendrá un impacto relevante en el proyecto. No se requiere tomar medidas.

Preste atención a cada evaluación que se complete. Deberá hacer esto al comienzo de una sesión de planeación para ser utilizado durante un sprint. Cuando un sprint se completa, una nueva comienza, y se debe mantener un registro de la progresión del proyecto. Así, mientras el proyecto avanza hacia su finalización, puede asegurarse de que sus riesgos han sido manejados apropiadamente y que el éxito no está en peligro.

5. *Ejecutar el Plan*

Cuando se planea la estrategia para mitigar el riesgo, es tiempo de tomar acciones basadas en ella. Puede sonar simple e intuitivo, lo es, pero es un paso difícil para algunas personas. Los humanos somos procrastinadores, especialmente si nuestro trabajo es complicado y poco interesante. Pero si no toma acción a tiempo, estará jugando a la Ruleta Rusa con el éxito del proyecto. Parte del éxito del plan de predicción de riesgos es que se enfrentan los más peligrosos primeros. De esta manera, puede confiar en que ha hecho todo lo posible para garantizar el éxito del proyecto.

Otro componente de esta acción es asegurarse de que, si se debe fallar, se falle en las primeras fases del proceso. Esto no implica que debería tirar la toalla, pero es importante identificar la realidad del riesgo y su impacto potencial en el proceso. Si es muy probable que ocurra y sus esfuerzos serán en vano, ¿desearía saberlo temprano, antes de que haya mucho camino recorrido, o después, cuando el equipo haya puesto sudor y sangre en algo que no se materializará? Si descubre que el proyecto no es factible en su forma actual, puede dejar de lado las tareas y hacer algo más, o puede revisar el plan del proyecto y abordarlo desde otra perspectiva. En ocasiones, esto puede iniciar un diálogo para asegurar recursos adicionales y habilidades diferentes en los equipos para alcanzar el éxito del proyecto.

6. *Repetir*

Por suerte, repetir es algo sencillo. Cuando tiene experiencia identificando riesgos tempranos, crear planes de acción para mitigarlos es sencillo. Esto es fundamental para el éxito del proyecto. Completar estos pasos correctamente, puede ayudarle a idear un ciclo de evaluación de acciones valioso para descubrir, gestionar y minimizar los riesgos. Asegúrese de revisar su plan de riesgos cada trimestre. Lo ideal sería hacer en la sesión de planeación del próximo sprint. En estas, el equipo tiene acceso total a los riesgos, evaluaciones y mediciones. Las revisiones no deben ser extensas para cada sesión de planeación, pero deben reflejar los riesgos en el registro que se ha elaborado y mostrar los más importantes, para que el proyecto tenga más probabilidades de éxito. Estas sesiones son buenas oportunidades para descubrir nuevos riesgos. Esto ocurre porque, mientras el equipo trabaja en el proyecto, nuevos desafíos pueden aparecer, ofreciendo nuevos riesgos que deben ser considerados. Durante este proceso, si encuentra un riesgo con un puntaje alto que es potencialmente catastrófico para el éxito del proyecto, debe asegurarse de que este sea controlado de inmediato.

Afortunadamente, el proceso de analizar los riesgos a los que se enfrenta el proyecto ágil es simple. Simplemente, puede seguir estos seis pasos para estar alerta sobre las amenazas hacia su éxito y eliminar cualquier probabilidad de fracaso al estar preparado, gracias a la colaboración de su equipo.

Capítulo 13: Consejos Finales

Si ha conseguido llegar al final de este libro y todavía experimenta fracasos con sus proyectos ágiles, no tema, no está solo. Siempre hay tiempo de mejorar sus procesos. Pero quizá la información que necesitaba no estaba en las páginas anteriores del libro. Quizá las respuestas que busca están es este capítulo final.

Cinco Consejos para Alcanzar el Éxito con Ágil

1. Debe crear un ambiente de confianza para su equipo

Como gerente, necesita mantenerse en contacto con las partes interesadas en el proyecto. Cada individuo debe sentirse en libertad de discutir las prioridades. Esto es más fácil de hacer cuando le da a cada persona la oportunidad de hablar y ser escuchada, y respetar sus aportes. Esta acción simple permite el crecimiento de los miembros de sus equipos.

2. Escuche con atención los intereses de la compañía y de las partes interesadas

Un buen gerente de proyectos ágiles está al tanto de ambos bandos: la compañía y el cliente. Pero también implica ver el proyecto desde la perspectiva de los miembros del equipo en la compañía y los ejecutivos. La transición a un ambiente ágil puede ser difícil para todos, así que asegúrese de escuchar las opiniones de todos y de ayudarlos.

3. Los obstáculos deben ser encontrados y eliminados

Pregúntele al equipo con frecuencia qué obstáculos encuentran para alcanzar el éxito. Averigüe cómo puede ayudarlos a resolver estos problemas. Por ejemplo, si a alguien no le gusta hablar estando en grupo y no contribuye en las reuniones diarias por esta razón, necesita encontrar una manera de hacer que esta persona se comunique, pero no en el mismo tipo de escenario grupal. Esto podría resolverse con una nota o un correo electrónico para que esté enterado de sus contribuciones y planes.

4. El aprendizaje es fundamental

El equipo no es el único grupo de personas que necesita a su lado en el sistema ágil. Esto implica que debe educar a los ejecutivos y demás gerentes, además de cualquier otra parte interesada. Todos deben visualizar claramente los beneficios de este cambio. En ocasiones, necesitará apoyo para vender su idea al grupo. Esta persona podría dar todos los detalles sobre el proceso que usted no sea capaz de presentar de forma persuasiva.

5. Mentor

Necesitará de la ayuda de otras personas para entender las prácticas ágiles en un ambiente exitoso. En lugar de culpar a la metodología o el proceso, considere tomar responsabilidad por sus métodos de gestión y piense si es usted la causa de los fracasos. Quizá necesita que un miembro de equipo reacio se integre, para que pueda ser educado por otro miembro más entusiasta y sabio. Sin embargo, si usted es quien necesita de esta educación, busque a un instructor u otro equipo o negocio que sea exitoso con el método ágil y empiece a aprender todo lo que pueda sobre su enfoque y estilo.

Diez Consejos para Formar un Equipo Ágil

1. Reconocer los roles en el proceso

Ser ágil es un trabajo de equilibrio continuo. Debe ser un visionario y centrarse en los equipos, pero también debe dejar de controlar y alentar al equipo a ser más flexible, abierto al cambio y a comunicarse de forma abierta y honesta.

2. Realice su primera acción y siga adelante

Las nuevas tecnologías y procesos siempre aparecen, y roles y términos diferentes empiezan a ser utilizados. Las personas en su equipo se mantienen actualizadas leyendo libros y blogs para entender mejor el proceso ágil. Pero aunque siga explorando los conceptos, cuando decida que es tiempo de comenzar, necesita asegurarse de que irá a toda marcha en esa dirección. No se detenga. La mejor manera de conocer las nuevas tecnologías, procesos, o formas es ponerlas en uso en un ambiente real. Siempre encontrará desafíos, pero ahora tiene las herramientas para enfrentarlos. Use este nuevo comienzo como una manera de definir los valores de su equipo y su propósito.

3. Resuelva los problemas de los que tenga conocimiento

Su equipo será exitoso si se mantiene centrado y trabaja constantemente. Para dar una dirección, debe saber cuáles son las necesidades y cómo satisfacerlas. Esta práctica requiere que determine si el problema debe ser resuelto en el momento o puede esperar a después. Con el tiempo, desarrollará la habilidad para estudiar los problemas, encontrar una solución e implementar un plan cuando el tiempo está a su favor, para favorecer al cliente y al proyecto.

4.   Mantenga un ritmo establecido

Mientras marcha hacia la finalización del proyecto, puede que su equipo y usted hayan perdido parte del impulso inicial. Cuando esto ocurra, se encontrará con problemas más difíciles de resolver. Puede resolver este problema estableciendo un ritmo constante para ahorrar energía y alentar a los demás a hacer lo mismo. Permita que los miembros del equipo expresen cómo se sienten cuando se establezca el ritmo, y plantee qué herramientas necesitan para completar determinadas tareas, para que tengan lo que requieren cuando lo necesiten. Promueva descansos cortos, de 5 minutos, cuando sea necesario, pero siempre vuelva al proyecto con el ritmo establecido cuando este tiempo haya pasado.

5. Se necesita un mínimo de planeación

Las reuniones deben darle al equipo la oportunidad de clarificar e identificar metas a corto plazo relacionadas con el objetivo general del proyecto. Estas metas pueden ser divididas en piezas más pequeñas para ayudar al equipo a completar sus tareas y entregar valor al cliente. Solo asegúrese de no utilizar mucho en la planeación, pero sí en la entrega.

6. Comuníquese cara a cara

Hablar cara a cara es el mejor método de comunicación. Puede compartir una gran cantidad de información de manera eficiente y eliminar la incertidumbre del tono o mensaje.

7. Manténgase Motivado

Si los miembros del equipo están motivados, harán un trabajo de calidad. Encuentre los miembros que están más motivados a alcanzar el éxito y permítales tener la responsabilidad de encargarse de las tareas de la manera que consideren apropiada. De la posesión y la autonomía surgirá la motivación y el trabajo de valor.

8. Permita que su equipo se organice por su cuenta

Ágil está muy lejos de ser micro-gestión. No ordenará acciones específicas ni tomará decisiones por el equipo. Ahora, les permitirá determinar la mejor estructura para realizar el trabajo. Facilite este proceso, pero no dicte o trate de guiar cómo debería ser.

9. Simple, simple, simple

En todo momento y todo lugar, haga que todo sea simple: comunicación, reuniones, planes, procesos, mediciones. Si puede ponerle un nombre, haga que sea simple.

10. Revise el trabajo con frecuencia para que se haga un hábito

Su meta es llegar al final. Si sus acciones no se acercan a esto, debe detenerse y ajustarlas apropiadamente. La mejor manera de saber si está cumpliendo con su objetivo es detenerse y revisar sus acciones y esfuerzos. Hágalo con frecuencia, así no perderá tiempo yendo en la dirección equivocada.

Conclusión

El próximo paso es planificar una reunión con los ejecutivos y comenzar la discusión sobre cómo se puede implementar el método ágil en su compañía. Es posible que, debido a su versatilidad, ya haya imaginado cómo funcionará y por qué traerá beneficios al negocio. Ahora debe conseguir el apoyo de los demás. Enséñeles este libro para comenzar el proceso. Cuanto más convencidos estén y tengan más conocimiento sobre sus jugadores clave, ágil traerá mejores resultados al ambiente laboral. Con esto conseguirá el apoyo que necesita y logrará el éxito. Los hábitos se formarán, y el éxito se volverá algo natural, y usted será el responsable de haber traído esta herramienta a la empresa. ¡Felicitaciones!

Cuando haga que sus compañeros piensen igual que usted, debe determinar qué metodología utilizará. Este podría ser un período de ensayo y error para su compañía. Trate de poner en práctica uno de los métodos presentados en los capítulos de este libro para facilitar la transición exitosa al ambiente ágil. Recuerde que el ambiente debe ser ágil, no solo comportarse como tal. Cuando se dé con el método apropiado, verá cómo la posesión de los equipos aumenta con cada proyecto que sea completado para el enfoque ágil.

Si disfrutaste de este libro, ¿podrías, por favor, dejar un comentario?

¡Gracias por tu apoyo!

Segunda Parte: Kanban

La guía definitiva de la metodología Kanban para el desarrollo de software ágil

Introducción

Podría comenzar a probar todos los diferentes tipos de métodos para la gestión de proyectos, pero eso llevaría demasiado tiempo y puede ser tedioso. Aunque puede aprender mucho de todos sus experimentos, cuando se trata de hacer cosas, debería tener el método más eficiente. Aún puede utilizar los recursos tradicionales de desarrollo basados en pruebas, programación en pares y Planning Poker. Mucha gente descubrió que Scrum tenía un gran impacto en su productividad, hasta que descubrieron Kanban.

Los equipos de producción han descubierto que cada minuto que usan Kanban tiene un valor agregado para sus productos y para sus clientes. No pierden tiempo ni esfuerzo, y saben que su trabajo es un trabajo de calidad.

Este libro está aquí para presentarle este increíble sistema. No tendrá que hacer ningún experimento ni pasar por ningún contratiempo. Todo lo que tiene que hacer es seguir los pasos y luego cosechar las recompensas del sistema Kanban. No espere y permita que su competencia se aproveche primero de esta información. Utilice el sistema Kanban y obtenga todos los beneficios que este sistema de gestión puede brindar.

¿Qué es Kanban?

El sistema Kanban es un sistema que se utiliza para programar la fabricación justo a tiempo (JIT) y la fabricación ajustada o *lean manufacturing*. En japonés, Kanban significa literalmente cartel o letrero. Un ingeniero industrial de Toyota, Taiichi Ohno, creó Kanban para aumentar la eficiencia de fabricación. El nombre se deriva de las tarjetas que la fábrica usó para hacer un seguimiento de la producción. Para aquellos que trabajan en la industria automotriz, Kanban es conocido por todos como "sistema de tarjetas de Toyota". Esta es la razón por la cual otros fabricantes de automóviles no quieren usar el término Kanban.

Kanban se volvió útil inmediatamente para ayudar a respaldar sistemas de producción y promover mejoras adicionales. El sistema se utiliza para encontrar áreas problemáticas al medir los tiempos de entrega, el ciclo del proceso y sus etapas. El mayor beneficio de Kanban es que crea límites superiores para trabajar con el inventario de procesos y evitar la capacidad en exceso.

Uno de los objetivos principales del sistema es evitar el exceso de acumulación de inventario dentro de las áreas de producción. Los límites se colocan en los artículos almacenados en los puntos de suministro. Una vez que se identifican las ineficiencias, los límites se reducen y luego se eliminan. Cuando se exceden los límites, se atiende la ineficiencia identificada.

Historia

El sistema Kanban se originó a partir de una caja vacía que era solamente un simple sistema de señalización de reabastecimiento. Las fábricas de cazas Spitfire del Reino Unido lo desarrollaron por primera vez durante la guerra, y se refirieron a esto como el "sistema de dos contenedores". Luego, a finales de los años 40, Toyota comenzó a buscar en supermercados para buscar métodos de almacenamiento de estantes para usar en sus fábricas.

Cuando se trata de tiendas de comestibles, los clientes generalmente obtienen lo que necesitan en el momento que lo necesitan. Además, los clientes solo toman lo que necesitan, sabiendo que seguramente habrá un suministro futuro. Esta es la razón por la que las tiendas de comestibles solo almacenan cosas que esperan que se vendan en un momento determinado. Al darse cuenta de esto, Toyota comenzó a comparar un proceso con un cliente de procesos anteriores, y los procesos anteriores con una tienda.

Kanban se utiliza para alinear los niveles de inventario con el consumo. Habrá una señal que indicará que ya se consumió un material específico, y el proveedor ahora necesita entregar un nuevo envío. El ciclo de reposición rastreará estas señales, lo que brindará visibilidad al comprador, al proveedor y al consumidor.

La tasa de demanda es lo que Kanban usa para controlar la tasa de producción. La demanda se transmite desde el último comprador hasta los procesos de la tienda. En 1953, Toyota utilizó esta nueva idea en su taller mecánico.

Operaciones de Toyota

La previsión de la demanda requería un impulso, por lo que la programación de la producción fue un éxito. Por el contrario, Kanban espera la demanda, antes de ordenar el producto. La producción y el reabastecimiento se calculan en función de los pedidos de los clientes.

Cuando el tiempo de suministro se vuelve demasiado largo y la demanda aún es incierta, lo mejor que se puede hacer es responder rápidamente cuando se perciba demanda. El sistema Kanban sobresale en este aspecto. El sistema Kanban actúa como una señal de demanda que se abre paso rápidamente hacia la cadena de suministro. Esto asegura una mejor gestión y una menor cantidad de stock intermedio en la cadena de suministro. Cuando la respuesta a la oferta es más lenta que las fluctuaciones de la demanda, causando posibles ventas perdidas, la acumulación de existencias puede ser apropiada. Kanban se agrega al sistema para alcanzar las existencias requeridas.

Taiichi Ohno explica que para que un sistema Kanban sea efectivo, tiene que seguir reglas estrictas. A Toyota se le ocurrió una lista de seis reglas. Estas se deben monitorear constantemente, lo cual garantizará que su sistema Kanban haga exactamente lo que necesita.

Las seis reglas que Toyota formuló para su aplicación del sistema Kanban son:

1. Todos los procesos proporcionarán una solicitud a su proveedor a medida que se consuman los suministros.
2. Todos los procesos se producen en base a la secuencia y cantidad de solicitudes entrantes.
3. Sin una solicitud, nada será hecho o entregado.
4. La solicitud siempre se adjunta al artículo.
5. Los procesos deben garantizar que solo se entreguen artículos sin defectos.
6. Las solicitudes pendientes deben limitarse para asegurarse de que los procesos son sensibles y determinar las ineficiencias.

Tarjetas

Las tarjetas Kanban ayudan a señalar el movimiento de los materiales, así como a cambiar los materiales del proveedor externo a las instalaciones de producción principales, lo que las convierte en una parte muy importante del sistema Kanban. Estas tarjetas son como un mensaje que muestra el agotamiento de piezas, productos o inventario. Cuando Kanban recibe el mensaje, activará la reposición de esa pieza, producto o inventario en particular. El consumo activará la demanda de producción adicional, mientras que la tarjeta generará la demanda de productos. En términos más simples, las tarjetas Kanban generan un sistema impulsado por la demanda.

Según los partidarios de la producción ajustada o *lean production*, los sistemas impulsados por la demanda conducen a niveles de inventario más bajos y procesos de respuesta más rápidos. Esto acaba ayudando a las empresas a ser más competitivas al implementar estos tipos de sistemas.

Los sistemas que utilizan señales Kanban se han vuelto cada vez más populares en los últimos años. Esta nueva tendencia ha reducido el uso de tarjetas Kanban. Sin embargo, todavía se utiliza comúnmente en las instalaciones de producción modernas. Kanban utiliza notificaciones por correo electrónico para notificar la demanda a los proveedores. También se puede aplicar a varios tipos de sistemas software. Un "disparador Kanban" se activará cuando una parte específica haya alcanzado una cantidad menor que el número que se indicó en la tarjeta. Exigirá una orden de compra con cantidades fijas a los proveedores. El proveedor luego deberá cumplir con la solicitud dentro del tiempo especificado.

Si bien las tarjetas Kanban se han adherido a los principios primarios de Kanban, todavía necesitan materiales adicionales. Se necesitarán más piezas si un contenedor vacío contiene una tarjeta roja.

Sistema de tres contenedores

El ejemplo más simple del sistema Kanban es el "sistema de tres contenedores". Este se usa cuando no existe fabricación interna de las piezas suministradas. Su punto de demanda inicial es el contenedor que se encuentra en el suelo de la fábrica. El punto de control de inventario es el contenedor ubicado en la tienda de la fábrica. Finalmente, el proveedor tiene el último contenedor. Las tarjetas Kanban clásicas son tarjetas extraíbles que se encuentran en cada contenedor y contienen los detalles y otros datos importantes sobre el producto.

Dado que las piezas dentro del contenedor ubicado en el suelo de la fábrica se utilizan para la fabricación y con frecuencia están vacías, el contenedor, junto con su tarjeta Kanban, se envía a la tienda. La tienda reemplazará el contenedor vacío por uno lleno que también tiene su propia tarjeta Kanban. El contenedor vacío se enviará al proveedor desde la tienda de la fábrica.

El proveedor finalmente devolverá su contenedor de productos con la tarjeta a la tienda de la fábrica. El contenedor vacío está ahora en el proveedor. Este es el paso final del proceso, lo que significa que nunca se quedará sin producto. También se puede considerar un proceso de circuito cerrado. Esto se debe a que solo proporciona la cantidad exacta del producto necesario en un solo contenedor sin preocuparse por el exceso de oferta. La papelera de repuesto permitirá cualquier incertidumbre en el suministro, transporte y uso. El mejor sistema computará suficientes tarjetas Kanban para cada producto. La caja *heijunka*, un sistema de tableros de colores, se usa comúnmente en muchas fábricas importantes.

Electrónico

Varios fabricantes han comenzado a utilizar un sistema Kanban electrónico, que ayuda a reducir problemas comunes, como la pérdida de tarjetas y los errores de la entrada manual. Los sistemas electrónicos se pueden utilizar en sistemas de planificación de recursos empresariales, que permitirán señales de demanda en tiempo real a lo largo de la cadena de suministro y también mejorarán la visibilidad. El seguimiento de los clientes potenciales del proveedor y los tiempos de reposición a partir de la fecha tomada del sistema electrónico pueden mejorar los niveles de inventario.

Funcionando como un sistema de señalización, el Kanban electrónico utiliza una combinación de tecnología para activar el movimiento de los materiales, tanto en la fabricación como en la producción. El uso de tecnología como los códigos de barras diferencia a este tipo de Kanban del original, que aún utiliza tarjetas y mensajes de correo electrónico.

Normalmente, el inventario está marcado con códigos de barras, que un trabajador utiliza en las distintas etapas del proceso para indicar el uso. Los mensajes se envían a través de los escaneos a las tiendas externas e internas para garantizar que los productos se repongan. Los mensajes se envían a los proveedores a través de internet. El inventario también se puede ver en tiempo real.

Organizaciones como Bombardier Aerospace y Ford Motor Company han mejorado sus procesos utilizando sistemas Kanban electrónicos. Puede ver el uso generalizado de estos sistemas desde en módulos añadidos o soluciones únicas hasta sistemas ERP.

Sistemas

Las estaciones de trabajo adyacentes ascendentes y descendentes se comunican entre sí dentro del sistema Kanban a través de sus tarjetas, donde todos los contenedores tienen una tarjeta asociada. Una parte importante de esto es la cantidad económica de pedido (EOQ). Los tipos más populares de sistemas Kanban son:

- Kanban de transporte: autoriza el transporte de un contenedor completo a una estación de trabajo posterior. Esto también se encuentra en los contenedores que están conectados al transporte para moverse de nuevo a través del bucle.
- Producción Kanban: una vez recibido, este Kanban autoriza a una estación para hacer un número definido de productos. Los contenedores asociados a él llevan este Kanban.

Kanban y el desarrollo de software

Ya sabe cómo se inició Kanban y cómo se utilizó. Ahora, veamos cómo puede ser útil en el desarrollo de software. Comencemos observando las diferencias en el proceso de planificación entre diferentes metodologías ágiles.

Diferencias entre Scrum y la metodología Kanban:

- Kanban no contiene *sprints* o intervalos de tiempo en absoluto.
- Las tareas de la metodología Kanban son más grandes y hay menos.
- Es opcional usar evaluaciones periódicas en Kanban, o no existen en absoluto.
- Kanban no tiene "velocidad de equipo". Solo tiene un tiempo promedio para la implementación completa.

Observando esta lista, piense en lo que quedará de la metodología ágil si se eliminan los *sprints*, aumentan las dimensiones y deja de contar la velocidad del trabajo de su equipo. ¿Qué queda? ¿Nada?

¿Cómo podría hablar sobre cualquier supervisión sobre el desarrollo si se deshace de todas las herramientas principales?

A los gerentes les gusta pensar que tienen que tener bajo control todo el tiempo. Su supervisión sobre el proceso de desarrollo no existe. Si un equipo no está interesado en trabajar, un proyecto fracasará a pesar de cualquier nivel de control.

Si un equipo disfruta de su trabajo y trabaja con total eficiencia, entonces no necesita control. El control solo perturbará el proceso y aumentará el costo.

Por ejemplo, uno de los problemas más comunes con Scrum son los costos más altos debido a las discusiones, reuniones y el tiempo perdido entre los *sprints*. Como mínimo, se usa un día para completar un *sprint* y otro para comenzar otro. Si tiene un *sprint* de dos semanas, dos días de esas dos semanas son el 20%, lo que es mucho tiempo perdido. Por lo tanto, cuando utilice la metodología Scrum, se perderá entre el 30% y el 40% del tiempo para asistir el proceso, que incluye reuniones diarias, retrospectivas de *sprint* y más.

Kanban difiere porque se centra en la tarea. Cuando un equipo utiliza Scrum, su objetivo principal es completar con éxito el *sprint*. Las tareas ocupan el primer lugar en la metodología Kanban. No hay *sprints*, y un solo equipo trabaja en una tarea de principio a fin. La implementación se realizará cuando esté lista, en función de la presentación del trabajo realizado. El equipo de Kanban no estima el tiempo para terminar una tarea, ya que no tiene ningún sentido, y casi siempre será erróneo.

¿Por qué un gerente tendría que tener un tiempo estimado si cree plenamente en la capacidad de su equipo? Su equipo trabajará con un tablero Kanban, del que hablaremos más a fondo más adelante. En el tablero, las columnas que se leen de izquierda a derecha pueden contener información como:

- Objetivos: esta es una columna opcional para un tablero. Las metas que son de alto nivel se pueden agregar aquí para que todos en el equipo las conozcan y recordarlas fácilmente. Algunos objetivos de ejemplo podrían ser "Agregar soporte para Windows 10" o "20% de aumento en la velocidad de trabajo".

- Cola de tareas: aquí es donde se deben colocar todas las tareas que están listas para comenzar. La que tiene la prioridad más alta se coloca en la parte superior y se toma primero. La tarjeta se mueve a la siguiente columna.

- Aceptación y elaboración: esta columna, junto con todas las demás columnas antes de "Listo", variará según el flujo de trabajo de ciertos equipos. Las tareas que están en discusión se pueden agregar aquí. Una vez que termine su discusión, puede mover la tarea a la siguiente columna.

- Desarrollo: aquí es donde permanecerá una tarea hasta que se haya completado el desarrollo de la función. Una vez que termine la tarea, se moverá a la siguiente columna. Si resulta que la arquitectura es inestable o incorrecta, puede moverla hacia atrás una columna.

- Pruebas: aquí es donde se coloca una tarea cuando se está probando. Una vez que se ha probado con éxito, se mueve a la siguiente columna. Si surge algún problema, la tarea debe volver a la fase de desarrollo.

- Implementación: cada proyecto tendrá su propia implementación. Esta columna podría significar que usted pone una nueva versión en el servidor, o sube el código al repositorio.

- Listo: la tarjeta se moverá a esta columna una vez que haya superado todas las demás secciones del tablero y esté completamente terminada.

Cuando los equipos usan Kanban para el desarrollo de software, el trabajo se realiza según lo permita la capacidad. El trabajo nunca se fuerza a través del proceso. Este sistema ayuda en la toma de decisiones sobre cuánto, qué y cuándo producir algo.

La organización de un tablero Kanban permite una mejor comprensión del flujo de trabajo. Reduce el desperdicio de la multitarea y el cambio de contexto, muestra todos los problemas operativos y ayuda con la colaboración para mejorar el sistema.

Los diagramas en este libro muestran las secciones típicas del tablero Kanban para el flujo de trabajo. Los tableros variarán considerablemente dependiendo del contexto en el que se utilizan. El objetivo general es hacer que el flujo de trabajo y el progreso de los elementos individuales estén claros para las partes interesadas y los participantes.

Algunas de las empresas más grandes utilizan el sistema Kanban para mejorar su trabajo. Por ejemplo, el proceso creativo de Pixar ha sido fuertemente influenciado por el sistema Kanban.

El presidente de Pixar Animation, Ed. Catmull, cree que es importante que sus animaciones se hagan en orden. Esto significa que cada equipo pasa el producto o la idea al siguiente equipo que la desplazará más hacia abajo en el tablero. Usan tableros Kanban de alto nivel para asegurarse de que esto suceda. El personal que está trabajando en una producción sabe exactamente lo que se supone que deben hacer y cómo su trabajo afecta a sus compañeros.

Spotify también ha comenzado a utilizar un sistema Kanban. En lo que respecta al tablero Kanban, el equipo de operaciones quería hacerlo lo más fácil posible. Tienen tres secciones: hacer, haciendo y listo.

Su tablero también tiene dos carriles horizontales. Todas las tareas tangibles, como "actualizar el almacenamiento de datos", están ubicadas aquí, mientras que el otro carril está compuesto por trabajo intangible, como "diseñar bases de datos" y "planificar la migración de servidores".

Spotify cambió a un sistema Kanban una vez que se dieron cuenta de que su carga de trabajo era reactiva en lugar de proactiva. Esto significa que tenían dificultades para encontrar tiempo para los proyectos pendientes.

Ellos dividen su trabajo en tareas pequeñas, medianas o grandes. Las tareas pequeñas tardan un día, las medianas unos días y los trabajos grandes tardan una semana. Las tareas que llevan más de una semana se denominan proyectos. Luego dividen esos proyectos en tareas pequeñas, medianas y grandes. Seguidamente, pueden colocarlos en la cola de trabajos pendientes.

Beneficios de Kanban

A principios de la década del 2000, los líderes empresariales se interesaron en Kanban cuando los desarrolladores de software lo utilizaban principalmente para mejorar el flujo de trabajo. Hoy en día, ha comenzado a usarse en todas las disciplinas para ayudar a los equipos a visualizar, optimizar y administrar su trabajo.

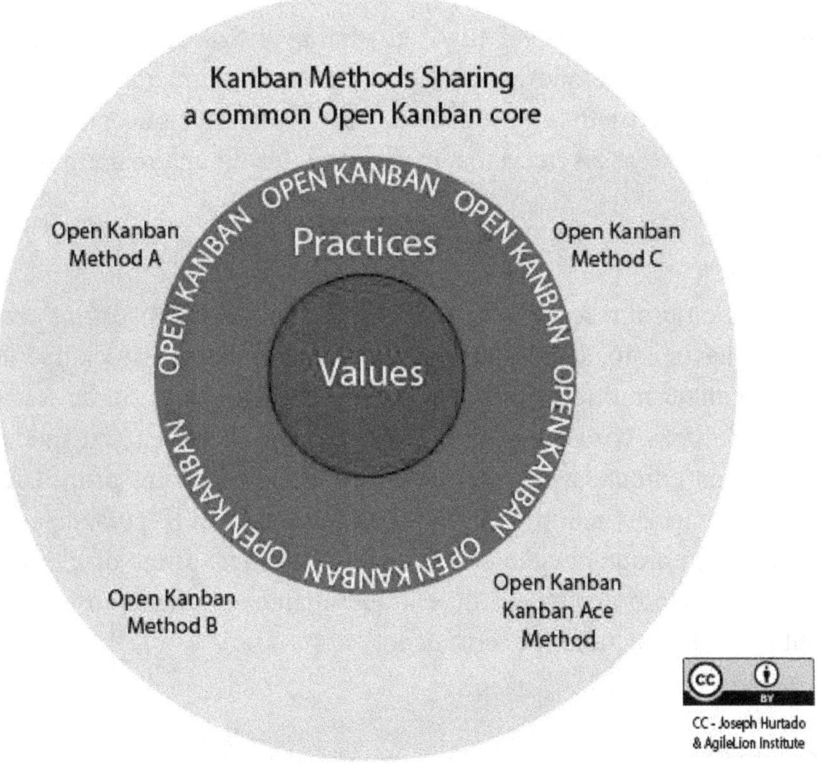

Incluso la ciencia coincidió con los beneficios de Kanban. La información visual puede ser procesada por el cerebro 60.000 veces más rápido que con palabras. Kanban dispara la comprensión y la comunicación, mediante el uso de información visual.

Veamos los beneficios que su equipo puede obtener al usar Kanban.

1. Versatilidad

La idea principal detrás del sistema Kanban es la comunicación con el uso de señales visuales. Esto beneficia a las industrias y trabajos en todas partes. Kanban se puede aplicar en cualquier lugar. Cualquier empresa puede utilizar Kanban, ya sea del departamento de marketing o de ingeniería. Es más fácil para los proyectos y los miembros del equipo moverse sin problemas a través de varias funciones debido a la versatilidad de Kanban. Un ejemplo de esto es cuando se mueve el contenido de un proyecto a gráficos desde edición, o una nueva característica para probar desde integración.

2. Mejora continua

El principio fundamental de Kanban alienta a las personas a centrarse más en la mejora continua. El proceso de revisión es mucho más fácil debido al sistema visual de la gestión del proyecto, así como a las mejoras necesarias para agilizar el flujo de trabajo, eliminar el desperdicio y reducir los gastos generales.

3. Capacidad de respuesta

Dentro de la industria automotriz, donde Kanban tuvo su inicio, utiliza el proceso cuando el inventario es bajo, lo que crea un mejor método para hacer coincidir la demanda y el inventario. Cuando se utiliza en la gestión de proyectos, la capacidad de respuesta sigue siendo un gran beneficio de Kanban; por ello, responder a las necesidades comerciales de una manera más ágil es mucho más fácil.

4. Mayor producción

El equipo puede limitar el trabajo en progreso, denominado limitación "WIP" (*work in progress)*, utilizando el sistema Kanban. Al hacer esto, se alienta a los equipos a trabajar estrechamente entre sí para eliminar distracciones y realizar múltiples tareas al mismo tiempo con el fin de terminar su trabajo. Los equipos pueden hacer más cosas debido a la mejora en la dedicación intensa y la colaboración. Con una entrega más enfocada, los elementos de trabajo de alta prioridad y alto valor se aceleran al tiempo que se entrega valor al negocio. Los límites de WIP personales ayudan a aliviar la sobrecarga de los equipos porque pueden centrarse en un número finito de elementos de trabajo. Solo pasan al siguiente elemento de la cola de entrada cuando el elemento en el que se comprometieron originalmente está completamente terminado.

5. Equipos con autoridad

Todo el equipo tiene el control del sistema Kanban y comparten las responsabilidades de terminar el trabajo. Kanban ayuda a capacitar al equipo para tomar decisiones ágiles que hacen avanzar el proyecto con eficiencia e innovación. Las típicas organizaciones aisladas que luchan entre la gestión de productos y la entrega de software, se integran más en el flujo de valor de desarrollo. Kanban fomenta la sinergia entre grupos y ayuda a romper las barreras entre diferentes especializaciones, lo que resulta en la colaboración entre las funciones. Las transiciones de elementos de trabajo entre columnas en la pizarra ofrecerán oportunidades para la comunicación, la colaboración, el descubrimiento de conocimientos y la participación y el compromiso para todos.

6. Un producto perfecto

Los proyectos normalmente se dirigen a la línea de meta con menos reediciones y errores debido a la mayor concentración en la mejora continua y la respuesta rápida. Ahora se puede permitir el control de calidad en la gestión del proyecto para dar resultados más precisos. Mirándolo desde una perspectiva no técnica, hay muchas actividades que contribuyen al software de alta calidad, como el análisis colaborativo y la documentación del usuario. Incluso dentro de equipos disciplinados, el comportamiento colectivo está controlado por reglas. Las políticas ayudarán a consolidar los estándares profesionales acordados en todos los ámbitos, que incluyen equipos de software, gerentes de productos y proyectos, y partes interesadas.

7. Valor de negocio primero

Kanban está posicionado para ser un marco de gestión de decisiones, lo que lo hace mucho más poderoso de lo que parece desde un punto de vista externo. ¡No es solo un tablero colgado en la pared! Ayuda a promover la toma de decisiones de base económica al administrar y priorizar el trabajo basado en ciertos objetivos económicos. Las organizaciones están tratando de sobrevivir en entornos ferozmente competitivos. Esto significa que debemos ejecutar, identificar y priorizar el trabajo más valioso para que la empresa pueda mantenerse a flote y por delante de la competencia.

8. Visibilidad

Algo sorprendente de la mayoría de las organizaciones es la cantidad de trabajo que se realiza a escondidas. Una de las prácticas principales de Kanban es hacer visible el trabajo invisible. Al utilizar un panel Kanban como centro de información, así como sus otros méritos, ofrece una visión holística de las ineficiencias del proceso, los bloqueadores, los impedimentos, los cuellos de botella y el progreso de un vistazo. La información puede verse fácilmente, no solo por los miembros del equipo, sino también por los observadores externos y las partes interesadas. Esto promueve un flujo de información sin límites en toda la organización.

9. Reducción de actividades ineficientes

La mayoría de los gerentes de proyecto se centrarán más en la línea de tiempo en lugar de en las colas de proceso. Las líneas de tiempo forman parte de la psique del gerente, junto con los diagramas de Gantt, las hojas de cálculo y otros documentos con límite de tiempo. No les gusta la incertidumbre. Con el refuerzo de los límites de WIP, un tablero Kanban se convierte en un sistema que mantiene una cantidad fiable de ideas de alta calidad que se entregan JIT, (*Just In Time*) o justo a tiempo, mientras se deshace del trabajo inútil y las tareas menos importantes. Las actividades anteriores, como los casos de negocios, los talleres de descubrimiento y la recopilación de requisitos, tienen lugar a demanda y cuando hay que hacerlas, lo que obliga al equipo a tomar decisiones oportunas.

10. Sostenibilidad

Los sistemas Kanban ayudan a administrar su trabajo a un ritmo sostenible, suave y humano, sin ningún nadir incontrolable y picos angustiantes, que solamente causan frustración, alta rotación de empleados y falta de compromiso. Un desarrollo sostenible genera creatividad, ya que los límites de WIP ayudan a controlar el ritmo dinámicamente sin temor a romper una promesa en el futuro. Esto permite la innovación, aborda los problemas de una manera nueva y produce soluciones con menos problemas de calidad.

Kanban y Lean

Durante los últimos 20 años, Kanban, Scrum, Lean y Agile han ido ganando popularidad en diferentes industrias y campos.

El Project Management Institute declaró que el 75% de las organizaciones que eran ágiles pudieron cumplir sus objetivos o intención de negocio, con el 65% que terminó a tiempo y el 67% que terminó con el presupuesto esperado. Esto es más alto que aquellas organizaciones con poca agilidad. En el mismo estudio de investigación, los ingresos de las organizaciones ágiles crecieron un 37% más rápido y generaron un 330% más de ganancias que las empresas no ágiles.

Los principios Lean también han demostrado ser efectivos. Gracias al uso de un enfoque Lean, Dropbox pudo pasar de 100.000 usuarios registrados a más de cuatro millones en solo 15 meses. The Wealthfront Company ahora administra más de doscientos millones de dólares y procesa más de dos millones de dólares al día. IMVU ha logrado llegar a 50 millones de usuarios registrados y ahora gana más de cuarenta millones de dólares al año.

Si bien muchas compañías han comenzado a implementar o se están inclinando hacia estas metodologías, generalmente solo hay un puñado de personas en la compañía que realmente entienden todo el proceso.

Otros empleados, especialmente cuando se trata de grandes compañías con una comunicación compleja, siguen las reglas sin entenderlas. Esto no significa que no sean buenos en lo que hacen, incluso podría ser lo contrario, podrían estar más centrados en sus tareas funcionales.

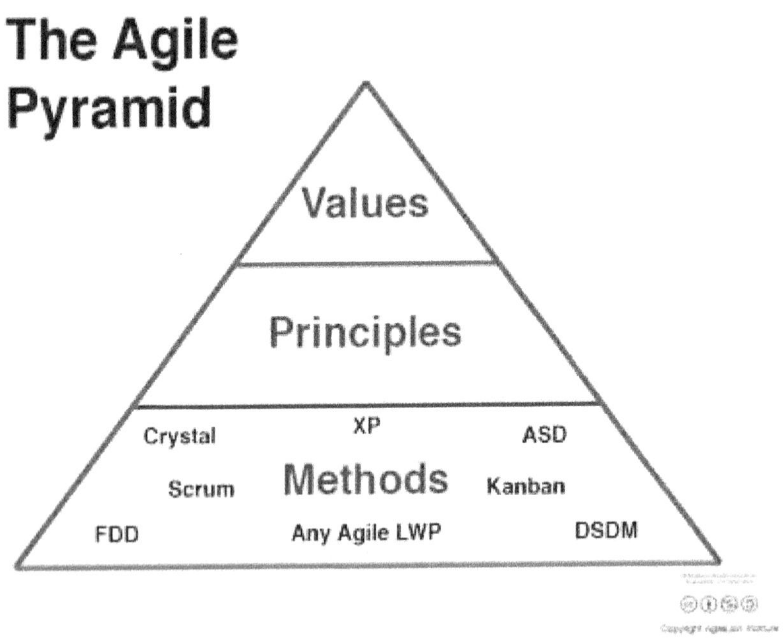

Pero mientras no sean conscientes de los principios básicos, no compartan la filosofía corporativa, no estén listos para el reto, o no puedan ver la diferencia entre Scrum y Kanban, Ágil y Lean, la compañía no va a notar ningún cambio en su productividad.

Entonces, ¿cómo son estos conceptos diferentes y similares al mismo tiempo? Veámoslo.

Ágil

En 2001, el término ágil, o *agile* en inglés, nació oficialmente del Manifiesto Ágil para ayudar a mejorar la productividad en el desarrollo de software. Pero ha comenzado a expandirse a otras áreas. Un equipo de proyecto que elige seguir los 12 principios ágiles se considera ágil. Básicamente, ágil se centra en el tiempo y es una filosofía iterativa que permite a un equipo construir un producto de forma incremental y entregarlo en pequeñas piezas. El mayor beneficio es la capacidad de cambio y adaptarse en cualquier punto del proceso, dependiendo de los obstáculos corporativos, las condiciones del mercado, la retroalimentación, etc. Solo suministran productos relevantes al mercado.

Esta es la razón por la que una empresa ágil tiende a ser flexible, se adapta a los cambios rápidamente, itera menos mientras implementa más rápido y puede aprovechar nuevas oportunidades a medida que surgen. Ayuda a proporcionarles un proceso rápido de toma de decisiones mediante el uso de una estructura organizativa flexible y una comunicación básica. En 2015, la investigación entre 601 profesionales del desarrollo de tecnologías de la información demostró que ágil es el enfoque principal para la administración. Y se utiliza principalmente para mejorar la colaboración y mejorar la calidad del software.

Lean

Lean, junto con Kanban, tuvo su inicio a mediados de los años 50 en Japón dentro de su industria automotriz. Su principal objetivo era reducir las pérdidas y crear una producción sostenible. Lean fue adaptado para su uso en el desarrollo de software en la década del 2000 por Tom y Mary Poppendiecks, quienes lo asociaron con los siete principios *lean* iniciales y la filosofía ágil.

Siguiendo con la expansión de Lean a cualquier industria, Eric Reis lo aplicó a la industria de nuevas empresas en 2008 para ayudar a desarrollar nuevos servicios y productos en tiempos de incertidumbre. Para que una empresa nueva se considere Lean, deben seguir los cinco principios *lean* creados por Eric Reis.

La compañía *lean* característica seguirá un ciclo de 'aprender, medir, construir'. Harán varias pruebas, mantendrán contacto con frecuencia con sus clientes, entenderán su valor y analizarán sus procesos clave para realizar mejoras continuas. Al utilizar este ciclo interminable, una empresa de nueva creación será sostenible, se desarrollará de manera inteligente y tendrá éxito. Al reducir el alto costo de tratar de obtener el primer cliente y el costo aún mayor de fabricar el producto equivocado, y al disminuir los ciclos de desarrollo de tecnología, la filosofía Lean para *start-ups* ayudará a las nuevas empresas a lanzar productos en los que sus clientes realmente estén interesados. Esto permite que las cosas se hagan más rápidamente y a un costo menor que con los métodos tradicionales, lo que hace que las empresas nuevas asuman menos riesgos.

Como puede verse fácilmente, tanto la filosofía Lean como la ágil tienen como objetivo alcanzar objetivos comerciales y hacer que sus clientes estén contentos con un producto de la mejor calidad. Estas, así como varias otras características compartidas por ambas mentalidades, típicamente llevarán a las personas a confundir las dos. Sin embargo, trabajan con diferentes tareas y propósitos, y esa es la razón por la cual es importante crear una línea clara entre ellas.

Agile y Lean no son metodologías. Son principios que crean la base de muchas metodologías diferentes, por lo que son más una mentalidad o una filosofía.

Lean es un término más conocido que ágil porque su enfoque inteligente mejora todo tipo de pérdidas, como energía, mano de obra y dinero. Jeff Sutherland también explica que Agile se creó después de Lean, por lo que significa que están estrechamente relacionadas. Conceptualmente, Agile es, en realidad, un subconjunto de prácticas y principios Lean, que, a su vez, son un subconjunto de Systems Thinking.

Esto significa que Kanban es una metodología. Kanban es parte de la filosofía Lean apoyada por la industria automotriz japonesa. Pero aún se pueden ver los principios ágiles dentro de la metodología Kanban.

Objetivos de Kanban

Cuando utilice un sistema Kanban, tendrá que proponer objetivos primarios y secundarios. Estas son cosas que averiguará por su cuenta, pero aquí hay algunas cosas en las que debería centrar sus esfuerzos.

1. Objetivo principal: Mejor rendimiento con mejoras de proceso incorporadas con poca resistencia.

Es probable que su equipo esté utilizando Kanban porque usted cree que proporcionará una mejor manera de cambiar. Kanban está ahí para cambiar tan poco como tiene que hacerlo, por lo que el primer objetivo es un cambio con muy poca resistencia.

2. Objetivo secundario: Entregas con alta calidad.

Como sabe, Kanban puede ayudarle a entregar todos los elementos de la receta para el éxito. Kanban lo ayudará a centrarse en la calidad de su producto al limitar el trabajo en progreso. Le permitirá definir políticas en torno a lo que encuentre aceptable antes de poder llevar un elemento de trabajo al siguiente paso. Puede incluir criterios de calidad con estas políticas. Por ejemplo, podríamos establecer una política estricta que no permita que las versiones de los usuarios entren a la fase de prueba hasta que las otras pruebas hayan pasado con éxito y sus errores se hayan resuelto. Esto significa que estamos deteniendo la línea hasta que la versión esté en condiciones correctas para continuar.

3. Objetivo secundario: controlar la cantidad de WIP, trabajo en curso, para entregar en un tiempo de ciclo predecible.

Todos sabemos que el trabajo en curso está directamente conectado con el tiempo de ciclo y que puede encontrar una correlación entre el crecimiento no lineal y las tasas de defectos en el tiempo de entrada. Tiene todo el sentido que WIP deba mantenerse pequeño. Facilitará la vida de todos si acordamos limitarlo a una cierta cantidad. Esto terminará haciendo que los tiempos de ciclo sean fiables, hasta cierto punto, y ayudará a mantener tasas de defecto más bajas.

4. Objetivo secundario: Permitir que los miembros del equipo tengan una vida mejor al mejorar el equilibrio entre trabajo y vida.

Si bien la mayoría de las compañías hablan mucho sobre la satisfacción de los empleados, rara vez es una prioridad. Los gerentes senior e inversionistas también, ven los recursos como fungibles y fácilmente reemplazables. Esto muestra dónde hay un sesgo centrado en el costo de su enfoque de inversión o gestión. No ven el enorme impacto en el rendimiento que viene con un equipo experimentado y bien motivado. La retención de personal es extremadamente importante para el trabajo. A medida que los desarrolladores de software envejecen, comienzan a preocuparse más por el resto de sus vidas. Muchos de ellos lamentan cómo desperdiciaron sus 20 años trabajando como esclavos en una oficina por un código que no alcanzó las expectativas.

Cuando se trata del equilibrio entre trabajo y vida, no se trata solo de equilibrar la cantidad de horas que una persona pasa en el trabajo con la cantidad de horas que pasa con su familia y sus pasatiempos. También tiene que ver con proporcionar fiabilidad. Por ejemplo, digamos que tiene un miembro del equipo que disfruta del arte y quiere tomar clases de pintura. La clase es todos los miércoles a partir de las 6:30 y dura diez semanas. ¿Puede su equipo proporcionarle a esa persona la certeza de que podrá salir de la oficina a tiempo todos los miércoles para ir a esa clase?

Cuando le da a su equipo el tipo correcto de equilibrio entre trabajo y vida, su compañía parecerá más atractiva para el mercado local. Motiva a sus empleados y le brinda a su equipo energía para mantener niveles de alto rendimiento durante meses o años. No es cierto que obtenga el mejor rendimiento de los trabajadores con más conocimientos sobrecargados de trabajo. Esto podría funcionar en un sentido táctico durante unos días, pero no será sostenible más allá de unas pocas semanas. En resumen, es una buena táctica darle a su equipo un buen equilibrio entre trabajo y vida al no sobrecargarlos con demasiado trabajo.

5. Objetivo secundario: deje que su equipo se relaje al mantener un equilibrio entre la demanda y el rendimiento.

Si bien se puede utilizar una demanda equilibrada con rendimiento para evitar el exceso de trabajo de su equipo y darles un buen equilibrio entre trabajo y vida, también causa algo más. La cadena de valor se destensa. Cada cadena de valor tiene un cuello de botella. El rendimiento que usted proporciona en sentido descendente está limitado por el rendimiento de su cuello de botella, sin importar cuán lejos esté. Eso significa que, cuando equilibra la demanda de entrada con su rendimiento, creará tiempo de inactividad a lo largo de su cadena de valor a excepción de los recursos en los cuellos de botella.

La mayoría de los gerentes evitan la inactividad. Han sido entrenados para administrar la eficiencia, y sienten como si se pudieran hacer cambios para reducir los costos cuando hay tiempo libre. Esto puede ser cierto, pero también es necesario apreciar el poder de la inactividad.

La inactividad puede ayudar a responder a las solicitudes urgentes, y proporciona ancho de banda para facilitar las mejoras del proceso. Sin ningún margen, los miembros del equipo no podrán tomarse el tiempo para reflexionar sobre cómo se realiza su trabajo y cómo podría ser mejor. Sin paréntesis de trabajo, no tendrán tiempo para aprender más técnicas que ayudarán a mejorar sus herramientas o habilidades. Sin inactividad, no tendrá ninguna fluidez en su sistema, para poder responder a cambios tardíos o solicitudes urgentes. No tendrá ninguna agilidad táctica sin algo de inactividad.

> 6. Objetivo secundario: utilice un mecanismo de asignación de prioridades simple que limite el compromiso y mantenga abiertas sus opciones.

Una vez que se hayan alcanzado los objetivos anteriores, habrá creado un motor para crear software. Después de tener esto en su lugar, es importante que lo use. Esto requiere que tenga un método de priorización que maximice su valor y que minimice su costo y riesgo. Necesita un esquema de priorización que optimice el rendimiento de su negocio.

Muchos esquemas son simples, como "alto, medio, bajo". Este tipo de esquema no tiene un significado directo para el negocio. Los esquemas más elaborados comenzaron una vez que el software ágil había desarrollado cosas como MoSCoW: "debo tener, debería tener, podría tener, no tendré". Cosas como el desarrollo basado en características utilizaban una versión simplificada y modificada de las técnicas de análisis de Kano. Sin embargo, otros prefieren un orden numérico estricto para el valor y el riesgo.

Estos esquemas tienen el mismo problema. Para responder a los cambios del mercado, hay que volver a priorizar. Con la incertidumbre del mercado, es difícil predecir cómo cambiarán las cosas.

Es por eso que necesita un esquema que retrase los compromisos lo más tarde posible y le dé una pregunta fácil de responder. Kanban le dará esto al hacer que los dueños de negocios rellenen los espacios vacíos de la cola, mientras que también brindan tiempos de ciclo realistas y un rendimiento de fecha límite.

Ahora, seis objetivos serían suficientes para muchos, pero aquí obtendrá dos objetivos adicionales para asegurarse de que su sistema Kanban funciona a su máximo rendimiento.

7. Objetivo secundario: tener un esquema transparente para que pueda ver oportunidades de mejora y permitir el cambio a una cultura de colaboración que fomente la mejora continua.

Cuando proporciona transparencia en el WIP, la tasa de entrega y la calidad crearán confianza con la alta gerencia y los clientes. Esto significa que usted proporciona transparencia en todas las áreas del sistema sobre cuando algo puede estar terminado, la calidad y lo bien que funciona su equipo. Esto les da a sus clientes confianza en su trabajo.

No solo tranquiliza a los clientes y a la alta dirección, sino que también proporciona algo más. Tener transparencia en el proceso permitirá a todos los involucrados ver los efectos de su trabajo. Esto hace que su equipo tenga una mentalidad más razonable. Su comportamiento cambia para mejorar el rendimiento del sistema.

8. Objetivo secundario: tener un proceso que permita un desarrollo de alta madurez, buena gobernanza, agilidad empresarial y resultados predecibles.

Los líderes empresariales desean hacer promesas en la mesa ejecutiva, a los accionistas, a la junta directiva, a los clientes y al mercado. Y por descontado, quieren poder cumplir esas promesas.

También saben que el mundo funciona rápido y habrá cambios. Eso significa que quieren poder responder a esos cambios prontamente y aprovechar todas las oportunidades. Para lograr todo lo que los líderes empresariales desean, es necesario que haya más transparencia.

Todo se reduce a una organización que opere a un nivel de madurez de cuatro en la escala de cinco puntos de madurez y capacidad del Instituto de Ingeniería de Software. No hay muchas organizaciones que hayan alcanzado este nivel de madurez, independientemente de si han obtenido o no una evaluación de SCAMPI real. No es de extrañar que la mayoría de los líderes senior de las grandes compañías tecnológicas estén frustrados con el rendimiento de su equipo de software.

Guía paso a paso

Para comenzar con Kanban, todo con lo que necesita es un tablero grande que todo el equipo pueda ver y las tarjetas para pegarlas. Pero vamos a ver las diferentes áreas de un sistema Kanban para que pueda entender mejor cómo funciona. El siguiente capítulo se centrará en hacer el tablero.

Gestión de proyectos

Kanban ha sido modificado para ser utilizado en el desarrollo de software con un enfoque de gestión de proyectos. Con el uso de Kanban en el desarrollo de software, se puede admitir el flujo de trabajo continuo, también conocido como flujo de valor.

- Flujo de valor: todas las acciones necesarias para formar un proyecto y finalizarlo se incluyen aquí. Las acciones pueden:
  - o Dar valor al proyecto.
  - o Ayudar a evitar el desperdicio.
  - o Ayudar a eludir información no valiosa.
- Eliminación de desperdicios: esto es algo que no agrega valor a su proyecto. Un sistema Kanban trabaja para eliminar desperdicios. Cuando se trata del desarrollo de software, puede tener tres tipos de desperdicios:
  - o Desperdicio en el potencial del equipo.
  - o Desperdicio en la gestión de proyectos.
  - o Desperdicio en el desarrollo de código.
- El desperdicio de desarrollo de código ocurre típicamente debido a:
  - o Trabajo completado parcialmente: el trabajo que se completa parcialmente termina quedando inutilizable y desactualizado. Esto puede eliminarse con código modular y ciclos iterativos que se completan dentro de las iteraciones.
  - o Defectos: cuando se está desarrollando código, la corrección y la reevaluación son absolutamente necesarias y requieren recursos y tiempo. Esto se puede eliminar con un conjunto de pruebas actualizado, *feedback* continuo de los clientes y completar las pruebas durante la iteración.
- El desperdicio de la gestión del proyecto ocurre típicamente debido a:
  - o Procesos adicionales: Esto es documentación innecesaria que llevará recursos y tiempo. Podría eliminarse con:
    - Revisiones de documentación que aseguren que solo se sigan los procesos necesarios y relevantes.
    - Pre-planificación de todos los procesos necesarios y relevantes.
  - o Traspaso de código: Esto significa que se transfiere el trabajo entre diferentes personas o equipos después de que la primera persona haya completado su trabajo. Esto podría causar una falta de conocimiento. Puede eliminarlo manteniendo sus esquemas y diagramas de flujo claros y visibles.
  - o Funciones adicionales: incluyen las funciones que no son necesarias para el cliente. Se perderá tiempo y esfuerzo cuando trabaje para desarrollar las funciones necesarias para funciones implementadas que el cliente ni siquiera ha solicitado. Esto puede eliminarse mediante la comunicación continua con sus evaluadores y con el cliente involucrado en la recopilación de requisitos. La razón es que pueden visualizar mejor los escenarios, así como el comportamiento esperado del sistema.
- El desperdicio potencial del equipo ocurre típicamente debido a:
  - o Cambios de tarea: Esto puede causar desperdicio debido a la multitarea. Puede eliminarse concentrándose en una sola tarea con cada versión. Los proyectos más grandes se dividen en tareas para:

- Dar una forma de localizar y resolver cuellos de botella.
- Centrarse en el tiempo de ciclo del trabajo entregado.
- Permitir un flujo de trabajo fácil.
- Reducir dependencias.
- Mejorar la visibilidad.

o En espera: este es un tiempo perdido para obtener información o instrucciones. El equipo está sujeto a sentarse ociosamente si no está habilitado para tomar decisiones, o si se le proporciona información que requiere recursos costosos. Esto se puede eliminar dejando que los miembros del equipo:

- Tomen decisiones para evitar esperar más instrucciones.
- Tengan acceso completo a la información que necesitan cuando la necesitan.

Flexibilidad de planificación

Al utilizar Kanban, verá mejoras en su flujo de trabajo. Como tendrá una representación visual del flujo de trabajo, notará una reducción en la velocidad al pasar de una tarea a otra. Esto se puede hacer mediante la creación de tarjetas Kanban, líneas de flujo y columnas claramente nombradas que muestren la ubicación de cada elemento dentro del flujo de trabajo. Una tarea con una duración más larga se puede hacer sin mucho impedimento. Durante este tiempo, las tareas que han finalizado continuarán al siguiente paso.

Esto permitirá:

- La cantidad de tiempo correcta para tareas más largas que no puede desglosar lógicamente.
- Conservación del valor para tareas más largas.
- El esfuerzo necesario para cada rol puede ser aprovechado.
- Las tareas terminadas pueden fluir sin perder tiempo.

Esto hace que la planificación sea más flexible y abierta.

Enfoque de extracción

Cuando el primero de sus dos equipos muestra un mejor rendimiento que el otro, probablemente inserta más trabajo, lo cual puede ser demasiado para el otro equipo. Esto puede crear fricción entre los dos equipos. Tiene que crear un enfoque de extracción para solucionar esto.

El enfoque de extracción puede remediar esto. Un equipo solo trabajará en un proyecto cuando el equipo esté listo para trabajar en este. Usted implementa un enfoque de extracción al proporcionar una protección con una capacidad limitada entre sus equipos.

Los principales beneficios de este tipo de enfoque son:

- Reduce los tiempos de espera.
- Evita que el trabajo se acumule.

- Ayuda a un equipo a mantener un ritmo constante y centrarse en la calidad.
- Crea balance de recursos.

Minimizar el tiempo de ciclo

El tiempo de ciclo de cada tarea se mide, y su proceso se optimiza para reducir el tiempo de ciclo.

- Identificará inmediatamente los cuellos de botella y los resolverá de manera colaborativa con el equipo.
- Para reducir el tener que rehacer, se deben implementar bucles de corrección.

Entrega continua

Las mejores consecuencias de la entrega continua son:

- Sus productos en desarrollo pueden entregarse continuamente en tiempos regulares debido a los cortos ciclos de lanzamiento
- Tendrá interacciones continuas con sus clientes.
  - Esto le ayuda a entender lo que quieren los clientes.
  - Evita producir lo que un cliente no necesita.
  - Usted recibe *feedback* sobre los módulos entregados.
- Cada ciclo de lanzamiento tiene requisitos limitados.
  - Los desarrolladores no se sobrecargan con varias solicitudes. Esto les permite concentrarse más en la entrega.
  - No tendrá ningún trabajo a medio terminar.
- En lugar de comenzar a trabajar, el objetivo principal es terminar el trabajo.
  - Esto mantendrá el objetivo de proporcionar ritmo y calidad a su producto.
  - Puede enviar el producto antes de que el cliente cambie de opinión.
- Su flujo de trabajo se optimizará de principio a fin.
  - Esto ayudará en mejoras de proceso incrementales.

Métricas visuales

Tener su flujo de trabajo visualizado en un tablero Kanban ayudará a:

- Programarse siguiendo los límites de su WIP en un estado de flujo de trabajo.
- Asignar sus recursos de forma dinámica según los requisitos del rol.
- Mantener un seguimiento continuo del progreso y el estado.

Cada día, y con cada columna, marque cuántas tareas tiene en ellas. Esto le dará una gráfica con forma de montaña. Esta gráfica le dará los resultados del pasado y le permitirá predecir resultados futuros.

También le proporcionará información tal como:

- El tiempo de ciclo para cada función al mostrar la fecha de inicio y la fecha de finalización.
- Poder evaluar la calidad de su producto en crecimiento desde una perspectiva de usuario, técnica y funcional en diferentes momentos.
- El ritmo del desarrollo se puede monitorear observando la cantidad de elementos de desarrollo completados y observando el tiempo promedio de cada elemento.
- Puede ajustar el ritmo del desarrollo calculando la proporción entre los días de desarrollo de cada elemento completado. Esta relación se puede usar para adivinar el tiempo de finalización de los elementos que no se han desarrollado, y puede ajustar el plan como lo necesite.
- Al usar una sesión de colaboración, puede ajustar y evaluar el proceso para encontrar los cambios necesarios que podrían ayudar a mejorar la calidad del producto o al ritmo del desarrollo.
- Resolver e identificar cualquier decisión que no esté validada buscando los tiempos de ciclo de las decisiones validadas. Luego, concéntrese en arreglar los bucles que normalmente son la columna atascada que no puede ver.

Enfoque y eficiencia

Cuando se centre en las demandas de sus clientes, el alcance se verá más claro. El objetivo será dar valor al cliente.

Así es cómo se puede lograr la eficiencia:

- A través de las interacciones continuas con los clientes, estos pueden centrarse en sus expectativas y que sean realistas.
- WIP asegura que las tareas estén enfocadas.
- El uso de un método de extracción permitirá que los recursos terminen una tarea antes de que se inicie una nueva.
- Habrá una entrega más rápida al optimizar los tiempos de entrega.
- Al visualizar el flujo de trabajo con una tabla, atraerá atención inmediata a los cuellos de botella para que pueda solucionarlos rápidamente.
- El equipo se hace responsable de su éxito a través del apoderamiento.

Herramientas

Hay muchas herramientas diferentes de gestión de proyectos que utilizan un enfoque Kanban. Estas son solo algunas de las que puede elegir:

- Kanban Tool: utiliza tarjetas Kanban, fechas de vencimiento, etiquetas, carriles horizontales y colores para crear un tablero Kanban. Las mejores características incluyen:
    - Listas de tareas.
    - Arrastrar y soltar tareas.

- o Documentos en línea.
- o Gestión visual de proyectos.
- o Analíticas profundas.
- o Tableros Kanban en línea.

- **Kanbanery:** esta es otra herramienta que ayuda a su equipo a trabajar juntos de manera más eficiente a través de:
  - o Actualizaciones en tiempo real.
  - o Trabajar con los sistemas existentes.
  - o Tareas ricas en contenido.
  - o Informes avanzados.
  - o APIs y varias aplicaciones de terceros.
  - o Aplicaciones para iPhone y iPad.
  - o Copiar o crear tableros de tareas con plantillas.
  - o Integración con GitHub.

- **LeanKit:** esta herramienta es útil en un entorno distribuido. Esto también puede permitir el acceso al CEO, socios, clientes y todos los empleados de la empresa.

- **Software JIRA:** esta es una herramienta ágil que se crea para equipos de todos los tamaños y formas. Tiene características que ayudan con:
  - o Flujo de trabajo integrado.
  - o Complementos (add-ons).
  - o Flujo de trabajo.
  - o Informes.
  - o Lanzamiento.
  - o Seguimiento.
  - o Priorización basada en valores.
  - o Estimaciones precisas.
  - o Planificación.

- **Earliz:** este software es compatible con la gestión y colaboración de proyectos inteligentes.

- **Targetprocess:** esta herramienta ayuda a administrar y visualizar proyectos ágiles con el soporte natural y completo de Kanban, Scrum o el método ágil personalizado. Sus características incluyen:
  - o Visualización de datos del proyecto.
  - o Visibilidad del progreso.
  - o Gestión de casos de prueba.
  - o Vistas personalizadas, cuadros de mando, informes y tarjetas.
  - o Vista del historial de trabajos pendientes.
  - o REST.
  - o Aplicaciones para iOS y Android.

Tablero Kanban

Hay muchas personas que están empezando a utilizar la metodología de gestión de trabajo Kanban para ayudar a visualizar su flujo de trabajo, ya sea para listas de tareas personales o proyectos en el trabajo. Kanban les permite a los equipos e individuos administrar múltiples proyectos y una tarea al mostrar trabajos en lo que se conoce como un tablero Kanban. Con un tablero tradicional, las tareas se mueven de izquierda a derecha a medida que se avanza hacia el final del proyecto. En última instancia, el uso de un tablero Kanban, especialmente uno en línea, permitirá a los equipos mantenerse actualizados sobre el progreso general del proyecto y el estado de la tarea.

Esto es extremadamente útil para equipos e individuos que buscan una forma visual de administrar tareas y mantener el proceso de flujo de trabajo optimizado y simple. Este capítulo profundizará en la metodología y la mecánica de usar un tablero Kanban real. También analizaremos el uso de dos herramientas para crear un tablero de este tipo: Smartsheet y Trello.

La piedra angular de la metodología Kanban es el tablero Kanban. Se utiliza para ayudar a visualizar y rastrear el trabajo que debe realizarse. Funciona como un centro de información de todo el progreso y estado de la tarea. Como puede ver todas sus tareas en un tablero Kanban, funciona como una visión general de alto nivel del trabajo. Esto terminará ayudándole a notar cualquier contratiempo u obstáculo y permitirá que el equipo se adapte a sus necesidades.

Hay algunas diferencias clave entre el funcionamiento de un tablero Kanban y un tablero Scrum. En primer lugar, no tendrá que idear *sprints* estructurados para sus tareas cuando use un tablero Kanban como se hace con Scrum. Esto significa que no habrá ninguna necesidad de restablecer su tablero Kanban después de cada fase completada de una tarea. En vez de esto, utilizará el mismo tablero Kanban durante toda la duración de su proyecto o para el trabajo en curso a medida que reciba nuevas tareas.

¿Cómo se usa el tablero?

Lo mejor de un tablero Kanban es que es muy simple de poner a punto y muy intuitivo. La configuración de este está muy estandarizada. Por supuesto, también tiene la opción de personalizarlo para que refleje las necesidades de su proyecto, pero seguir la estructura del tablero Kanban estándar lo ayudará a comenzar.

Como mínimo, el tablero tendrá las siguientes tres columnas organizadas de izquierda a derecha:

o   Pendiente: esta es la columna donde colocará todo el trabajo próximo. Aquí es donde se almacenarán las tareas que no se han iniciado.

o   En curso: se trata de todas las tareas en las que se está trabajando actualmente. Es importante que permanezca por debajo de sus límites determinados de WIP (cubiertos más adelante) para asegurarse de no terminar sobrecargando a usted o a su equipo con un trabajo que no sería realista terminar en un momento dado.

o   Completado: aquí es donde se colocarán todas las tareas terminadas.

Todas sus tareas se colocan en tarjetas, y las moverá a sus distintas columnas a medida que pasan por las diferentes fases del proceso de trabajo. El objetivo principal es que su tarea siempre se moverá de izquierda a derecha. Cuando haga de esto una prioridad, se asegurará de que todo su trabajo se termine por completo antes de continuar con el siguiente paso. De esta manera, mejorará su eficiencia.

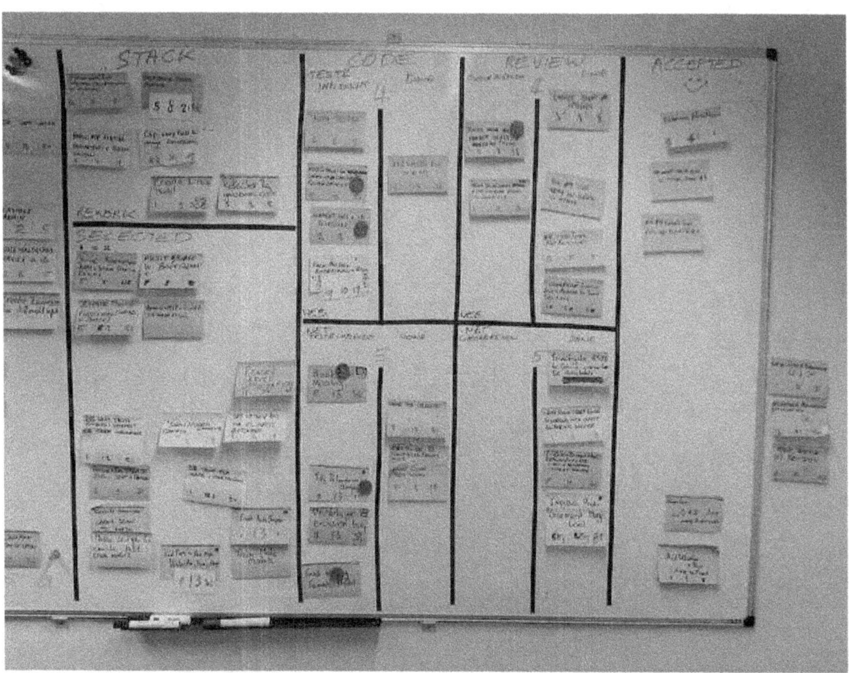

Para facilitarle las cosas al comenzar con Kanban, puede encontrar muchas herramientas en línea diferentes que le ayudarán a crear un tablero Kanban. Dos de las herramientas más populares son Smartsheet y Trello. Trello es una herramienta de administración de tareas que les permitirá a los usuarios crear listas de tareas y monitorizar su progreso utilizando un tablero Trello, que puede crearse y usarse como un tablero Kanban. Smartsheet es una aplicación web que se puede usar como un tablero Kanban y es ideal para proyectos más complejos.

Trello

La interfaz de Trello funciona de manera muy similar a un tablero Kanban normal. Creará columnas para reflejar el estado de su tarea y moverá las tareas a través de todas las columnas a medida que son realizadas.

Para que todo funcione con Kanban en Trello, debe crear su primer tablero desde cero.

1. Seleccione el botón + en la esquina superior derecha para crear su tablero en blanco. Ahora, puede crear un nombre para su tablero.

2. Una vez hecho esto, puede añadir sus columnas escribiendo un encabezado de columna en el campo "Agregar una lista" que proporciona. Aquí puede crear tantas columnas como desee, pero necesita crear un mínimo de tres: Trabajo pendiente, En curso y Finalizado.

3. Ahora debe agregar una tarjeta a su primera columna seleccionando "agregar una tarjeta". Luego escribirá la tarea en el campo provisto. Puede escribir la tarea básica o con más detalle, como la fecha de vencimiento, etiquetas o miembros. Para ello, seleccione el icono del lápiz y edite la pestaña asociada.

   a. Las etiquetas le permitirán codificar por colores sus tareas por si desea organizarlas aún más. También tienen un modo daltónico de colores que agregará textura a sus tarjetas.

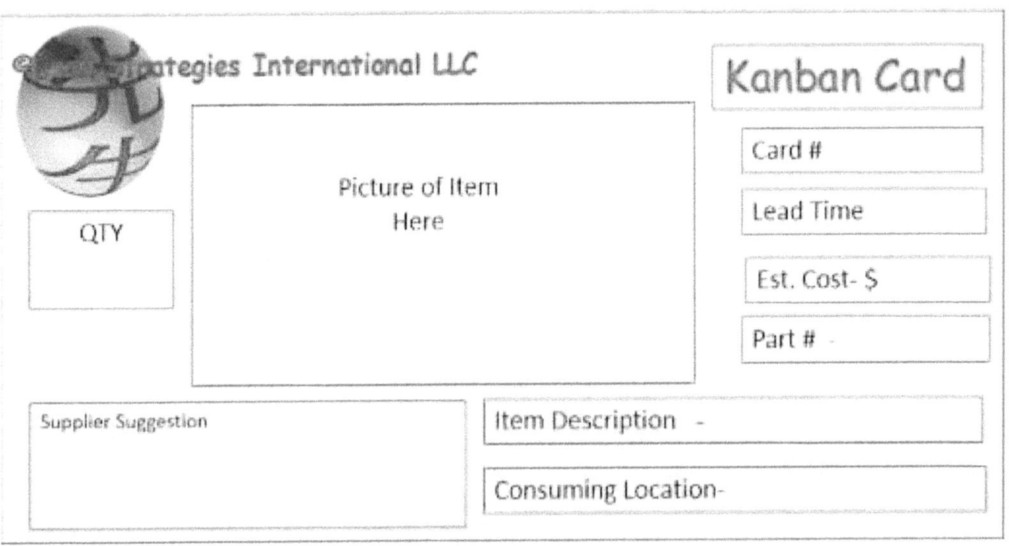

b. Puede elegir 'Cambiar miembros' para asignar tareas a ciertos miembros.

c. Puede elegir 'Cambiar fecha de vencimiento' para asignar una fecha de vencimiento a una tarea.

d. También puede seleccionar copiar o mover la tarea a diferentes carriles o columnas.

e. Para obtener un menú más completo de cómo puede editar su tarjeta, puede hacer clic directamente en la tarjeta.

4. Ahora, puede repetir los pasos anteriores y terminar de completar su tablero con el resto de sus tareas. Puede agregar una tarjeta en cualquier columna directamente.

5. Una vez que tenga la configuración de su tablero, comience a mover las tarjetas por todo el tablero. Puede arrastrar y soltar para mover sus tarjetas a lo largo del tablero a medida que termina su trabajo.

6. Recuerde, debe asegurarse de que las tareas se realicen por completo antes de mover las tarjetas a la siguiente columna. Esto asegurará que no tenga que repetir las tareas y enviarlas a la columna anterior.

Además, hay características adicionales al usar Trello. Para obtener más formas de personalizar su tablero Kanban, también puede comprar *power-ups*. Esto son características adicionales e integraciones que le darán aún más funciones. Seleccione el botón 'Power-Ups' debajo del menú, y verá cosas como votaciones, antigüedad de tarjeta y calendario.

Calendario le dará una vista de calendario adicional para ver sus tareas, que se pueden utilizar semanalmente o mensualmente.

La antigüedad de la tarjeta envejecerá las tarjetas con las que no haya interactuado recientemente. Una vez que haya utilizado activamente la tarjeta, esta volverá a la vista normal. Esto es extremadamente útil para garantizar que no haya tareas que se pasen por alto o que sean rechazadas continuamente.

La función de votación permitirá a los otros usuarios votar a tarjetas de tareas para determinar su prioridad o interés.

También puede establecer límites de WIP usando *power-ups*, lo que le dará la oportunidad de establecer un límite en la cantidad de tareas que se pueden colocar en la columna "En curso". Esta es una forma automatizada de garantizar que nunca se comprometa en exceso.

Ahora está listo para compartir su tablero con los otros miembros de su equipo.

1. En la esquina superior izquierda, encontrará el botón "Privado". La hoja se establecerá automáticamente en privado de modo que solo usted podrá verla, pero se puede compartir con varios miembros del equipo o hacerla pública.

2. Seleccione 'Privado' y luego elija la opción del menú que se le ofrece.

3. La pizarra ahora será visible, y editable si lo desea, para otras personas. Compartir este tablero con todos los demás en su equipo permitirá la colaboración y la responsabilidad.

Trello es una herramienta que le ayudará a crear un tablero Kanban. También puede usar la aplicación móvil para poder continuar con su trabajo mientras viaja. Sin embargo, hay muchas otras herramientas que pueden crear un tablero Kanban muy fácilmente, y es importante que pruebe todas las que pueda y elija la que se adapte mejor a sus necesidades.

Smartsheet

Para comenzar a crear su primer tablero Kanban usando Smartsheet, puede comenzar con la plantilla de hoja Kanban predeterminada.

1. Asegúrese de estar en la pantalla de inicio y luego seleccione "Crear nueva - Hoja Kanban".

2. Escriba un nombre para su tablero y luego seleccione Aceptar.

3. También puede elegir "Ahora" para importar cualquier información existente en su tablero Kanban desde Excel, Microsoft Project, Microsoft Excel o Trello.

4. Su lista de tareas se mostrará en la vista de tarjeta, que es uno de los cuatro tipos de vista que encontrará en Smartsheet. Los otros tres son calendario, cuadrícula tradicional y Gantt. En la vista de la tarjeta, verá cuatro columnas, a las que llaman carriles, que se etiquetan automáticamente como: "Trabajo pendiente, Planificando, En curso y Completado". Ahora puede agregar las tarjetas que necesita para sus tareas en el carril derecho.

5. A continuación, para agregar su primera tarjeta, seleccione "+ Agregar tarjeta" en cualquiera de las columnas de su pizarra. Obtendrá un formulario emergente para editar la información sobre su tarea, que incluye asignarla, darle prioridad, tamaño, descripción y título. También verá que el estado aparecerá automáticamente igual al que eligió cuando agregó la tarjeta.

6. También tiene la opción de agregar documentos o imágenes relevantes, o puede agregar comentarios a la tarjeta seleccionando "Agregar discusión" o "Agregar archivo adjunto".

7. Ahora seleccione OK. La tarjeta se colocará directamente en el carril correcto.

8. Continúe este proceso para todas las tareas que necesita agregar a su tablero. Asegúrese de mantener su límite de WIP en mente cuando comience a agregar tareas a la columna "En curso" para no comprometerse a más trabajo del que se pueda llevar a cabo.

9. Para editar sus campos, puede seleccionar "Campos" en la esquina superior derecha.

10. Anule la selección de cualquiera de los campos que no desea que aparezcan en su tarjeta. También puede elegir "Agregar nuevo" para incluir campos adicionales en su tarjeta.

11. Para crear una vista de alto nivel de todas sus tarjetas, puede contraerlas para que solo muestren el título de las tareas. Esto hace que su tablero se vea más limpio. Seleccione el icono ubicado a la derecha del botón "Campos" para cambiar a una vista colapsada de sus tarjetas.

12.   Una vez que una tarea está lista para cambiar de carril, todo lo que tiene que hacer es arrastrar y soltar la tarjeta en el carril en el que ahora debe estar.

13.   Cualquiera de sus tarjetas se puede editar en cualquier momento seleccionando el menú desplegable en la tarea elegida y luego seleccionando "Editar".

14.   Ahora puede moverse a través de sus etapas de trabajo y terminar las cosas a su propio ritmo. Sin embargo, debe asegurarse de tener en cuenta a los residentes de su flujo de trabajo Kanban: no incumpla su límite de WIP y tan solo deje que las tarjetas vayan de izquierda a derecha.

15.   Una característica sorprendente de la vista de tarjeta de Smartsheet es poder girar sus carriles. Esto es posible porque tiene al menos dos campos de lista desplegables para las tarjetas, y le darán la oportunidad de organizar los carriles y ver el trabajo por criterios que no sean solo mirar las etapas de la tarea.

16.   De forma predeterminada, la plantilla organizará las columnas por "Estado", lo que significa de inicio a fin.

17.   Seleccione el menú desplegable junto a "Ver por estado" para ver las otras opciones por las que puede ordenar sus tareas.

18.   Al elegir el "Tamaño", los carriles se organizarán según el tamaño de la tarea en lugar del estado. Esto significa que, si cambia estos parámetros, puede visualizar a través de diferentes criterios.

   a. Nota: "Ver por" es único para cada usuario. Esto significa que los demás que puedan ver su hoja no se verán afectados si elige ver sus tareas de forma diferente. Cualquier persona con la que elija compartir la hoja puede verla a través de cualquier configuración que desee sin afectar a nadie más.

19.   Los carriles también se pueden agregar a su tablero seleccionando el menú "Ver por" y luego seleccionando "Editar carriles".

20.   Ahora, puede crear carriles adicionales que desee agregar a su tablero.

21.   Para compartir su tablero, seleccione el botón "Compartir". Luego se le pedirá que escriba los correos electrónicos de las personas con las que desea compartirlo. A continuación, debe ajustar los permisos a los niveles apropiados.

Lo mejor de usar SmartSheets para un tablero Kanban es la capacidad de ver la información en su tablero desde diferentes puntos de vista. Puede cambiar la vista de su Smartsheet eligiendo entre: cuadrícula, Gantt, calendario y tarjeta.

Tener esta flexibilidad asegurará que incluso aquellas personas que no están familiarizadas con Kanban puedan obtener información útil sobre el trabajo que se está realizando. Todos los cambios que se realicen en las demás vistas también se actualizarán en la Vista de tarjeta. Esto significa que sus datos se mantendrán actualizados.

Mapeando el flujo de valor

Antes de generar un Kanban, tiene que crear un flujo de valor. Una cadena de valor es simplemente una lista de pasos que debe seguir para crear valor. Cuando crea un Kanban, el trabajo fluirá a lo largo del flujo de valor, y esto le ayudará a visualizar el flujo. Básicamente, esto le ayudará a crear su tablero Kanban. Sabe cómo crear uno, pero necesita saber cómo elegir y nombrar sus tareas.

Antes de comenzar, estas son algunas cosas que vale la pena recordar acerca de un flujo de valor:

1.   Debe coincidir con la realidad todo lo posible.
2.   Debe ser tan detallado como sea necesario para que pueda ver y comprender el flujo de trabajo.
3.   Cuando los contextos y la comprensión comiencen a cambiar, el flujo de valor también lo hará.

Comenzar por el final

¿Qué se necesita hacer?

Si va a estar en una reunión, podría:

o   Discutir un tema.
o   Crear elementos de acción.
o   Planificar un conjunto de tareas futuras.

Si quiere hacer tareas del hogar, puede:

o   Delegar tareas.

o   Planear unas vacaciones.

o   Construir un porche.

Si está en el trabajo, podría:

o   Escribir documentación importante.

o   Gestionar a su personal.

o   Construir una nueva parte de un avión.

Cada ejemplo podría tener un estado final completamente diferente. Si está elaborando un informe, es probable que su destino sea ser publicado. Por lo tanto, si estuviera creando una cadena de valor para crear ese informe, comenzaría con sus trabajos pendientes o "Backlog" y luego terminaría con "Publicación". Todo lo que está en el medio aún no se ha resuelto.

Llenarlo

Entre su "Backlog" y "Publicar" está la creación. ¿Qué pasos debe seguir para crear algo? Yendo hacia atrás desde la etapa final de "Publicación", podría tener "Recopilación", "Final", "Segundo borrador" y "Primer borrador".

Esto le brindará ahora una secuencia a través de la cual pueden fluir secciones específicas de su informe. El equipo que está trabajando en el informe puede rastrear cada sección o capítulo a medida que avanza hasta su finalización.

Algunas cosas importantes que recordar son:

1.   El flujo de valor es la mejor conjetura que se puede hacer acerca de cómo se realizará realmente su trabajo.
2.   El flujo de valor va a cambiar.
3.   El flujo de valor es tolerante a fallos.

Ahora, usted sabe cómo crear su propio flujo de valor para agregar a su tablero Kanban.

Importancia

El mapeo de flujo de valor se puede usar para ayudar a mejorar el proceso de su trabajo donde tiene pasos repetibles y, especialmente, si van a haber varias transferencias. La mayoría de la pérdida de conocimiento ocurre cuando hay transferencias entre los miembros del equipo, no en los pasos. Las transferencias ineficientes pueden no aparecer como cuellos de botella en la línea de ensamblaje, pero pueden causar el mismo efecto: menos productividad, trabajadores abrumados y menor calidad. El mapeo del proceso lo ayudará a ver dónde ocurren estas transferencias para que pueda averiguar dónde los tiempos de espera impiden que el trabajo avance.

Al igual que en la fabricación, el desarrollo de software sigue un proceso repetible con transferencias distintivas, y se necesita una entrega continua para el esfuerzo de colaboración del equipo.

Asegurarse de tener un entendimiento claro y compartido del proceso es importante para los equipos de software. Tener un ejercicio de mapeo de flujo de valor para su equipo reducirá los retrasos de transferencia, aumentará la velocidad de entrega y mejorará la comunicación. También ayudará a solidificar el proceso, asegurándose de que tengan un flujo de valor más rápido y más lineal para el cliente.

Kanban y las fechas de entrega

Muchos equipos que están adoptando Kanban provienen de un entorno ágil. Hay que tener en cuenta que la metodología ágil desalienta el uso de las fechas de entrega. Esto a su vez genera un comportamiento no deseado. El centrarse en las fechas de vencimiento, hace que los equipos trabajen bajo una presión extrema. Esto se traducirá a menudo en atajos que se toman en los departamentos de diseño y pruebas. El resultado final es que la calidad del trabajo se ve comprometida y la deuda técnica se acumula.

A pesar de que los equipos de proyecto deben tener iniciativa y ser auto-organizados, en realidad, podría ser muy diferente. No tener fechas de vencimiento puede causar que el empuje se pierda dentro del equipo. Esto es cuando la Ley Parkinson entra en juego. Programar cinco días de trabajo podría convertirse fácilmente en siete días si no se establece ninguna expectativa para un plazo de cinco días. Si el proyecto funciona con un presupuesto fijo, el retraso podría acumularse antes de lo que cree. Esto puede causar un incremento en la gestión.

Hay muchas situaciones en las que usar fechas de vencimiento en el nivel de tarea sería muy útil. Lo principal no es hablar de recurrir a viejas formas. Esto hará que las fechas de vencimiento se conviertan en fechas límite escritas en piedra. Entonces, la deuda técnica o de calidad se convertiría en una consideración secundaria. Es una guía muy útil para que un miembro del equipo vea cuándo necesitan completar una tarea en cuestión.

Probablemente esté pensando en cómo establecer una fecha de vencimiento.

El enfoque normal es siempre la estimación. Los sistemas Kanban no usan estimaciones detalladas en horas reales, pero utilizan puntos históricos. A veces, las estimaciones en horas realmente ocurren. Los proyectos realizados por las empresas de IT se estiman mediante ofertas para el ciclo de vida previo a la venta. Estas estimaciones son resueltas por un equipo de desarrollo. No suelen tener el mismo conjunto de detalles. La mayoría de las estimaciones de preventa se expanden a estimaciones más exactas cuando es el momento de ejecutar.

Al utilizar un sistema Kanban, las estimaciones se realizan mediante el hecho de si una determinada tarjeta debe terminarse en una o dos semanas. Al hacer esto, los equipos pueden descubrir la relación entre el tamaño y el tiempo que les llevará hacerlo. Esto determinará la fecha de vencimiento.

El sistema Kanban también se centra en los datos de tiempo de avance y ciclo. Crea gráficos estadísticos que ayudan al equipo a realizar compromisos en diferentes niveles como tarjeta, *sprint* o nivel de lanzamiento. Pueden hacerlo con seguridad. Después de calcular la cantidad de datos históricamente, los equipos que usan Kanban pueden establecer la fecha de vencimiento para orientar a los miembros del equipo o mostrarles a los clientes un *planning*.

Resumiendo, debe generar balance. A los equipos ágiles no les gustan las fechas de vencimiento, ya que las encuentran contraproducentes y dan como resultado una calidad y comportamiento subversivos. La ausencia de fechas de vencimiento puede hacer que algunos equipos no terminen su trabajo. Si bien las fechas de vencimiento que se basan en estimaciones funcionan bien, el uso de un sistema Kanban puede brindar asistencia adicional a los equipos para ayudarles a encontrar fechas de vencimiento más precisas. Puede usar las fechas de vencimiento junto con las tarjetas Kanban, pero solo como pautas. No las use para hacer que su equipo comprometa la calidad del producto o aumente su deuda técnica.

Las siete cadencias Kanban

Una de las varias cosas que muestran la diferencia entre Kanban y Scrum es que Kanban usa cadencias. Una cadencia se puede definir como un ritmo de actividad. Un ejemplo sería programar reuniones de planificación cada una o dos semanas. Luego, cuando el *sprint* termina, hacer una reunión de revisión. Añada algo más, pronto sentirá el ritmo de la productividad constante.

Piense en no usar cadencias, pero, aun así, necesitaría reuniones. Las cosas empezarían a desmoronarse si no convoca ninguna reunión en meses y, de repente, decide que necesita una reunión. Alguien podría decirle que no tiene nada que hacer. O alguien podría pedirle que haga una reunión, entonces todas las reuniones pasarían a parecer una emergencia. Esto no le sienta bien a nadie.

Reunión de pie

Esta es la reunión que más se lleva a cabo. Ayuda a mantener al equipo informado sobre el proyecto. Se utiliza para abordar preguntas como quién necesita ayuda, si hay tareas bloqueadas y quién está trabajando en qué.

Esta reunión brinda información al equipo para ayudarles a tomar decisiones sobre qué hacer con su tiempo. Es la retroalimentación que el equipo necesita y ayuda a las partes interesadas a saber qué está sucediendo y si pueden ayudar de alguna manera.

Se lleva a cabo con todos los presentes en pie para que la reunión sea breve y agradable. El formato de la reunión puede cambiar drásticamente. Puede tener una ronda de preguntas de derecha a izquierda y examinar el tablero Kanban para buscar cuellos de botella y bloqueadores.

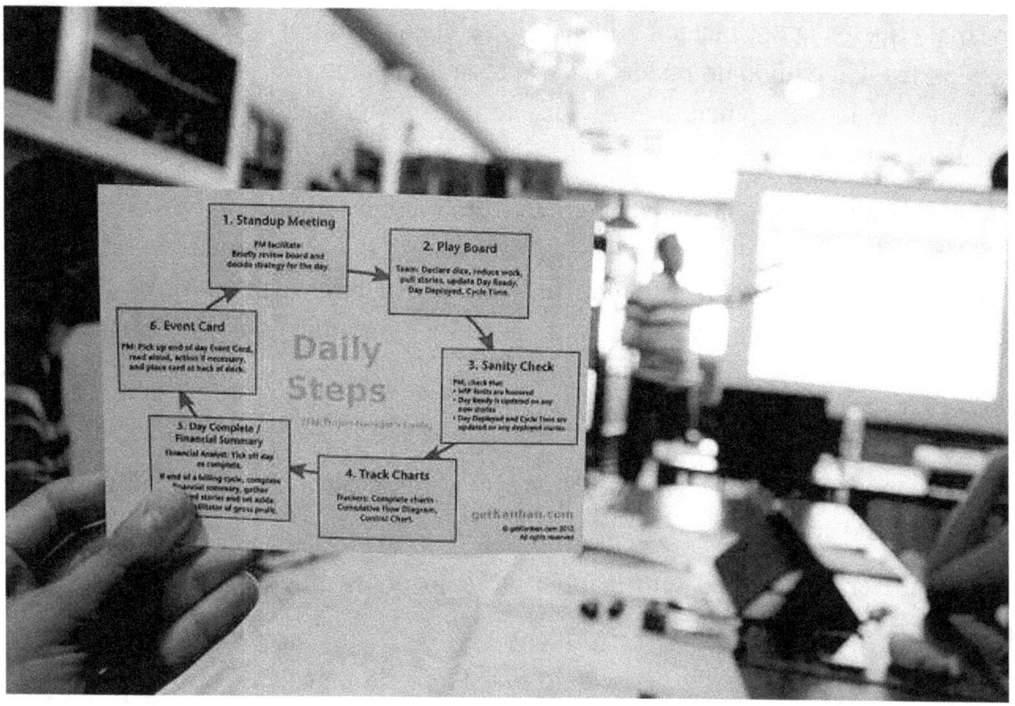

Reunión de reposición

Los sistemas deben tener tareas en la cola de entrada para evitar la falta de tareas a realizar. Esta reunión se da cuando el equipo decide cuáles serán esas tareas. Esto es esencialmente una reunión de planificación. El formato puede ser diferente y el número de partes interesadas involucradas cambiará. Si su equipo tiene problemas para priorizar el trabajo que proviene de múltiples gerentes, puede pensar en organizar conferencias telefónicas cada dos semanas con todos los involucrados para ayudar a priorizar el trabajo.

Aquí es cuando la palabra "quizás" se convierte en "debería". Es el paso entre las posibilidades y el punto de compromiso de la empresa. Es cuando se envía la información más reciente. Se determina que un conjunto de tareas son lo más importante para poner en el sistema. Si esto se hace con frecuencia, ayudará a los interesados a confiar en que todo lo que se prometa se entregará regularmente.

Solo tiene que hacer que las personas correctas asistan a la reunión para tomar las decisiones correctas con la mejor información. Este tipo de reunión puede verse diferente. Todo depende del contexto. Puede tenerlas diariamente o solo una vez al año. Se necesita ser eficiente en dar retroalimentación y de forma rápida. Incluso puede programarlas cuando sea necesario.

Revisión de operaciones

Esta es una vista de alto nivel de cómo los diferentes departamentos, divisiones y equipos trabajan juntos como una organización.

Usted debe saber lo mala que es la optimización local. No se puede mejorar una parte del sistema sin pensar en las otras partes. Un equipo no puede salvar a toda la organización si tiene una entrega deficiente. La mayor parte de la ineficiencia ocurre durante las transferencias y las colas. Durante esta reunión, diferentes gerentes encontrarán formas de ayudar a mejorar todo el sistema.

Al utilizar la entrada de otras cadencias, los gerentes verán cómo está funcionando toda la compañía. ¿Están contentos los clientes? ¿Es rentable la empresa? ¿Ha habido muchos cambios de personal? ¿Hay departamentos que no están siendo utilizados? En base a todos estos datos, el equipo experimentará sobre cómo pueden mejorar la eficiencia y disminuir la variación en todo el sistema.

Reunión de planificación de entrega

Esta reunión muestra si la empresa no entrega correctamente al cliente final. Esta reunión afinará las tareas entre departamentos o equipos.

Los clientes pueden no querer ver trabajo terminado y apilado en su puerta. A ellos les gusta participar en averiguar cuándo y cómo se entrega.

Revise las conclusiones de las reuniones de pie y todo el tablero de datos. Mire los riesgos que puedan surgir durante la evaluación de riesgos. Vea lo que está listo para entregar y lo que estará listo pronto. Esta reunión decidirá qué tareas en progreso deben cambiar su prioridad. A las tareas se les asignará una fecha límite, y el equipo podría necesitar cambiar su comportamiento en consecuencia.

Revisión de la prestación de servicios

¿Se está sirviendo bien a los clientes? Las revisiones de la prestación de servicios examinarán el sistema desde el punto de vista de los beneficiarios.

La eficiencia del departamento y del equipo se desperdiciará si un cliente no está satisfecho. Esta revisión explorará la satisfacción del cliente en todos los aspectos del proceso, lo bien que se utilizan los recursos del equipo, la eficiencia, la comunicación y la entrega. El objetivo principal es mejorar la satisfacción del cliente al generar confianza con transparencia.

Mire el último lote de trabajo que se entregó al cliente. ¿Estuvieron satisfechos con lo que se entregó, con qué rapidez se entregó y cómo se entregó? ¿Estuvieron satisfechos con el uso de los recursos que tenían disponibles? Si las cosas salieron mal, ¿estaban contentos con la forma en que se manejó el problema?

Revisión de riesgos

Esta conversación podría ocurrir en todos los niveles dentro de la organización. Es más, debería suceder en todos ellos. Es necesario para evaluar la probabilidad de que no pueda entregar, ya sea a los usuarios finales o componentes posteriores.

Encontrar riesgos con anticipación y tomar los pasos para eliminarlos mejorará la previsibilidad del sistema. Esto, a su vez, aumentará la rentabilidad y la confianza.

El nivel básico de revisión de riesgos es examinar fallos pasados como la reelaboración, tareas bloqueadas y SLA perdidos. También se hace identificando las causas y encontrando formas de evitar que esto suceda en el futuro. La planificación integral incluirá especular sobre riesgos futuros al tenerlos basados en la información y la experiencia.

Revisión de la estrategia

Esto examina los cambios del mercado y analiza si sus objetivos actuales satisfacen las necesidades y están siendo optimizados.

¿Es usted realmente eficiente? ¿Funciona como una máquina optimizada, bien engrasada y aerodinámica? ¿Está haciendo las cosas correctamente? ¿Ha cambiado algo debido a las decisiones del mercado? Esta reunión debe revisar la estrategia de su empresa y asegurarse de que está entregando el valor que servirá como su meta.

Compare los tiempos de entrega recientes con las tendencias del mercado. ¿Entregó con la eficiencia suficiente como para adaptarse? Si hay problemas entre su capacidad para hacer cambios y el ritmo del mercado, entonces es posible que necesite cambiar de mercado o encontrar nuevas formas de optimizar su proceso. Los ejecutivos de la empresa son los mejores para responder a estas preguntas. Tienen toda la información del servicio al cliente, ventas y marketing. Esta reunión podría dar lugar a nuevas directrices sobre cómo evaluar productos alineados con las expectativas del mercado.

Basada en el tiempo

Estas cadencias deben ocurrir todos los días, semanas, trimestralmente o anualmente. Esto es bueno para situaciones en las que habrá valor al tener actualizaciones frecuentes o aquellas cosas importantes no urgentes que podrían no ocurrir de otra manera.

Basada en eventos

No está escrito en ninguna parte que estas sucedan a intervalos normales. Tiene sentido vincular algunas de ellas a eventos. Las revisiones de riesgo se deben hacer mensualmente. Pueden ser provocadas por fracasos. Las revisiones de prestación de servicios solo deben hacerse dos veces al año si todo va bien. Una podría ser convocada por no cumplir con los SLA en un área crucial. Las reuniones de reaprovisionamiento pueden realizarse cada semana o antes si no hay un cierto número de elementos en la cola de entrada.

Hacer las cosas bien y encontrar maneras de ser mejores es fundamental para cualquier trabajo. Probablemente, ya haya programado algunas reuniones que pueden servir para todos estos propósitos. El valor de estas cadencias es averiguar si está haciéndolo todo y evaluar si tiene brechas.

Analíticas y métricas

Un sistema Kanban le dará a la organización varias métricas simples pero potentes que están directamente relacionadas con la obtención de beneficios para el negocio. Cuando se trata de Kanban, las métricas se centran en observar el *"time to market"* o *"time to value"* y usarlos para ver una mejora continua.

CFD - Diagrama de flujo acumulativo

Esta es una métrica simple que le dará mucha información sobre el equipo y la capacidad del sistema de un vistazo.

Se trata de una gráfica de sus tarjetas basada en el tiempo a medida que se mueven a través de su tablero. CFD comenzará a trazar la cantidad de tarjetas que se encuentran en cada etapa de su flujo de valor. Estos CFD normalmente se trazan cada día, pero para tableros que fluctúan más rápido, se pueden actualizar cada hora.

Los diferentes colores en el tablero indican las diferentes etapas del flujo de trabajo. La altura de la banda en diferentes áreas indica cuántas tarjetas había en esa etapa en ese punto en particular.

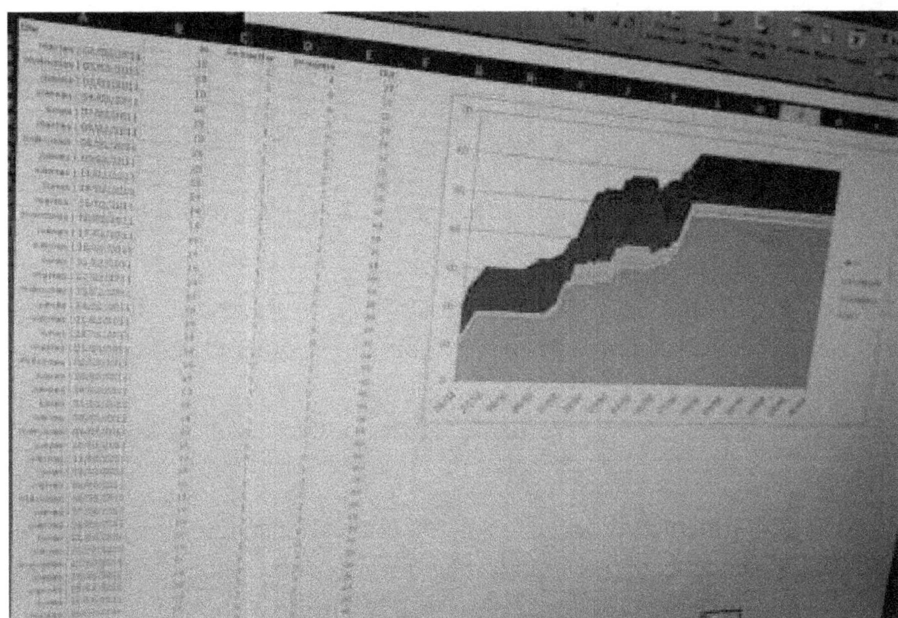

La banda superior es normalmente su trabajo acumulado, y la parte inferior suele ser el trabajo completado. Con un tablero físico real, podría tener una bandeja o un sobre en donde colocar las tarjetas completadas. Para un tablero virtual, se cambian al estado archivado.

En general, el CFD le permite saber la cantidad de tarjetas que se han movido dentro y fuera de cada etapa por unidad de tiempo y la cantidad de tarjetas que atravesaron el tablero. La pendiente CFD también le permite conocer el rendimiento de su sistema. Cuanto mayor sea la pendiente, mejor será el rendimiento, lo que significa la cantidad de tarjetas que se entregaron por unidad de tiempo.

Un CFD es una excelente fuente de información sobre el rendimiento de su equipo y le proporcionará información sobre el tiempo de entrega, WIP y cuellos de botella.

CFD le ofrece la imagen más completa sobre la capacidad de entrega de su sistema. Dado que la mayoría de los equipos trabajan con muchos elementos diferentes y tienen diferentes experiencias y habilidades en su personal, el CFD proporciona una imagen compuesta de lo que puede hacer un equipo determinado, y luego puede usar esa información para predecir lo que se puede entregar.

Control de tiempo de ciclo

Cada proceso individual variará. Si escribe su firma cinco veces, pueden parecer similares, pero nunca dos de ellas serán exactamente iguales. Habrá una variación inherente, pero variará entre los límites predecibles. Si mientras escribe su nombre, alguien lo empuja, terminará con una variación inusual debido a una causa especial.

No hay ninguna variación de causa común. Tome un jugador de tenis, por ejemplo. Si tiene un gran control, la mayoría de los saques irán donde él quiera. Va a haber una ligera variación, pero no mucha. Si no tiene ningún control, los servicios irán a todas partes, creando más variación. Con

Kanban, no hay ninguna causa especial como el viento o el cambio de pelota. Hay variaciones por causas comunes. Esto terminará causando un fallo en el servicio y puntos fáciles para el oponente, y podría suponerle el juego, lo cual es costoso. Del mismo modo, con la mayoría de los procesos, reducir las variaciones de causas comunes le ahorrará dinero.

Los cuadros de control le ayudarán a ver la variación. Los cuadros de control le proporcionarán:

- o   Datos de rendimiento trazados en el tiempo.
- o   Límites de control estadístico inferior y superior que le muestran los límites aceptables de las variaciones. Normalmente los verá dibujados a una distancia de tres sigmas de la media.
- o   Una línea central, que suele ser el promedio de todos los datos trazados y se denomina media.

Dado que los datos se distribuyen normalmente, el proceso está en control cuando el 99,7% de los datos está dentro del límite de 3 sigma más o menos. Cada vez que obtiene puntos de datos que están fuera de este límite, el análisis debe realizarse para descubrir y eliminar los datos debido a causas especiales. Luego, a través de mejoras en el proceso, también puede reducir la variación de causa común. Esto dará lugar a beneficios sustanciales, especialmente cuando se trata de la previsibilidad del sistema o del equipo y cómo puede realizar compromisos realistas sobre la prestación del servicio.

Ciclo o distribución del tiempo de entrega

Cuando observa el cuadro de distribución del tiempo de entrega, le proporciona la frecuencia con la que se completan las tarjetas a diferentes valores de ciclo o tiempo de entrega.

Tabla de tiempo de ciclo promedio

Esta tabla le proporcionará exactamente lo que su nombre implica: el tiempo promedio de una tendencia de ciclo durante un período determinado. Si bien tener promedios no es la mejor manera de hacer predicciones sobre ciertos elementos o conjuntos, servirá para proporcionarle información útil sobre una tendencia durante un período de tiempo determinado.

Cuando observe una de estas gráficas, podrá ver fácilmente si el tiempo de ciclo aumenta, es malo o disminuye. Cuando utilice una combinación de los gráficos de tiempo de tres ciclos, podrá capturar rápidamente estos tipos de tendencias y realizar los ajustes necesarios para que el tiempo de ciclo no aumente.

Los tiempos de ciclo de sus tarjetas son la cantidad total de tiempo que la tarjeta pasará en el tablero, que también es el tiempo total de trabajo y el tiempo de espera.

Tabla de eficiencia de flujo

Esta gráfica resaltará el impacto crítico de las etapas de espera de su sistema. La mayoría de la gente no se dará cuenta de que todos los flujos de valor tendrán una cantidad de etapas de espera.

Esto podrían ser transferencias entre las diferentes etapas o la espera que es creada por las necesidades de recursos externos.

Las etapas de espera afectan la eficiencia del flujo y el tiempo del ciclo. Cuanto mayores sean los tiempos de espera, menor será la eficiencia de flujo. Algunos de los mejores equipos de trabajo que utilizan un sistema Kanban verán una eficiencia de flujo del 25 al 40 por ciento. Esta estadística significa que alrededor del 60 al 85 por ciento del tiempo, la tarea está esperando que alguien la tome, o esperando algún tipo de entrada.

Esta medición se puede habilitar fácilmente en un sistema Kanban y le brinda mucha información sobre su eficiencia. Le ayudará a descubrir cómo se puede mejorar.

Gráfica de análisis de bloqueadores

Cuando utilice herramientas como los límites WIP, así como señales visuales como las violaciones de los límites de WIP y los bloqueadores, su sistema destacará varios obstáculos en el flujo de su sistema. Un gráfico de bloqueo le ayudará a resaltar algunas de las causas raíz por la que las tarjetas se bloquean, y podrá lidiar con estas causas.

Cuanto más tiempo permanezcan bloqueadas las tarjetas, más durará su ciclo y su eficiencia disminuirá. El análisis ayudará al equipo a descubrir cómo reducir el bloqueo y mejorar el flujo y el tiempo de ciclo.

Tabla de rendimiento

El rendimiento le indica cuántas tarjetas se entregan durante cada unidad de tiempo. Este es una excelente gráfica para ayudarle a comprender las capacidades del equipo y comprometerse de manera más realista con el cliente sobre la cantidad de trabajo que el equipo puede proporcionar en un período de tiempo determinado.

Analítica predictiva

En general, mediante el uso de un sistema Kanban, puede crear fácil y rápidamente un gráfico de los datos de rendimiento de su equipo para que pueda comunicar claramente a sus clientes y las partes interesadas de que su sistema posee capacidades y cómo predice el futuro de la entrega. También tendrá un nivel asociado de confianza y probabilidad.

Puede utilizar una herramienta Kanban electrónica como SwiftKanban para automatizar la recopilación de datos y generar métricas. Estos tipos de herramientas Kanban avanzadas le proporcionarán capacidades de análisis predictivo utilizando cosas como la simulación Monte Carlo para ayudar a su equipo a tomar mejores decisiones basadas en el análisis de lo realizado anteriormente.

Límites de WIP

La propiedad de Kanban de trabajo en progreso (WIP) está limitada. Una forma de limitar el WIP es igualar la capacidad de desarrollo de su equipo. Normalmente, se establece el límite de WIP para cada columna o etapa de flujo de trabajo. Es aceptable establecer límites para cada persona o equipo. Establecer un límite para cualquier columna no significa que no pueda agregar otra tarea en esa columna en particular. En su lugar, solo significa que cuando se alcanza un límite, todo el equipo debe asumir la responsabilidad y comprender por qué sucedió esto. Deben darse cuenta de que pueden mejorar y evitar que vuelva a ocurrir en el futuro.

Los límites de WIP son importantes porque ayudan a mejorar el rendimiento. También reducen todo el trabajo que está "casi terminado". Obligan a la persona o al equipo a mantenerse concentrados en tareas más pequeñas. Mirar los límites de WIP desde una perspectiva fundamental fomenta la cultura de "terminar". Los límites de WIP aseguran que los cuellos de botella y los bloqueadores sean más fáciles de ver. Los equipos pueden trabajar juntos en torno a los problemas para comprenderlos, de modo que puedan resolver el problema que está causando el cuello de botella. Cuando se eliminan los bloqueos, el trabajo comenzará a fluir una vez más. Estos beneficios traerán valor a los clientes. Establecer límites de WIP es una gran herramienta en desarrollo.

Cuando está en la etapa de desarrollo, es fácil pensar en saltar de una tarea a otra. Cuando está trabajando en dos problemas al mismo tiempo, tiene que cambiar entre los dos o transferir el trabajo a otro compañero de equipo. Saltar de un problema a otro no es gratis. Disminuye la concentración y absorbe mucho tiempo. Siempre es mejor solucionar un problema en lugar de comenzar otra tarea y luego no poder completarla. Los límites de WIP previenen que las personas se interpongan en su propio flujo.

Los límites de WIP mostrarán áreas de sobrecarga o inactividad constante. Mostrarán al equipo sus ineficiencias durante todo el proceso en lugar de solamente el área en la que trabajan.

Cuando establece límites de WIP, debe hacerse dos preguntas cruciales:

1.   ¿Cuántas personas hay en su equipo?
2.   ¿En cuántas tareas pueden trabajar a la vez?

No hay fórmulas secretas establecidas para establecer límites de WIP. Es normal que los límites estén equivocados, para empezar. Nunca debe esperar que el límite se quede donde lo puso. Tendrá que ser ajustado de vez en cuando. No debe hacer hincapié en establecer límites iniciales.

Establecer límites de WIP ayudará a su equipo a centrarse en la calidad, la finalización y la toma de decisiones correctas. También les permite habilitar un modelo de extracción, obtener retroalimentación para limitar el desperdicio debido a suposiciones incorrectas y repetición de tareas, medir la cantidad de tareas que se podrían realizar al mismo tiempo, obtener un flujo de trabajo que se entregará a tiempo, evitar la distracción por el cambio de tareas y reducir la multitarea.

Limitar el WIP no resolverá todos los problemas que su equipo pueda enfrentar. No limitar WIP garantiza que usted será víctima de malgastar el tiempo. Si no tiene límites de WIP, verá que las mejoras del proceso serán mucho más lentas. Los equipos que han usado esto desde el principio han visto un crecimiento y han experimentado excelentes resultados.

Puede personalizar su plantilla de tablero Kanban usando Kanban Tool. Para configurar sus límites de WIP, vaya a "Configuración" y luego haga clic en "Editor de tablero". A continuación, haga clic en el icono del lápiz para editar su límite de WIP. Ahora todo lo que tiene que hacer es completar el "Límite de tareas".

Kanban Tool es un software innovador que posibilita la colaboración en tiempo real y le permitirá aumentar la productividad de su equipo.

Consejos útiles

Cuello de botella

¿Alguna vez su equipo terminó un proyecto a tiempo sin tener que pagar horas extras o experimentar retrasos?

Los cuellos de botella son la principal razón por la que los proyectos se retrasan. Los presupuestos se agotan debido al coste de las demoras, y todo el proceso se convierte en algo impredecible.

No tiene que luchar contra los síntomas. Todo lo que necesita hacer es un análisis y configurar algunas medidas de prevención para salvar el proceso.

Utilice Kanban para ayudarlo a analizar e identificar cuellos de botella en el proceso y obtener un flujo que sea predecible, y estará todo bajo control.

La forma más fácil de definir un cuello de botella es una etapa de trabajo que tenga más solicitudes de las que es posible procesar a su máxima capacidad. Esto creará una interrupción en el flujo de trabajo y causará retrasos en todo el proceso.

Incluso si la etapa de trabajo puede funcionar a su máxima capacidad, no hay manera de procesar todo el trabajo lo suficientemente rápido como para llevarlos a la siguiente etapa sin crear retrasos.

El cuello de botella podría ser un departamento determinado, persona, ordenador o todo el proceso. Los cuellos de botella normales son la revisión de calidad y las pruebas de software.

Lo malo es que la mayoría de los cuellos de botella solo se producen después de que se haya creado un bloqueo en el flujo de trabajo.

Existen herramientas efectivas pero simples dentro de Kanban que le ayudarán a detectar un cuello de botella y detener la congestión en el trabajo.

Si observa que su proceso a menudo funciona a rachas y tiene una tendencia a ser impredecible en lugar de fluir sin problemas, encontrará un cuello de botella en algún lugar dentro del sistema.

El problema principal es encontrarlo y descubrir una buena contramedida. Hay varias herramientas de análisis dentro de Kaban para ayudarlo a encontrar un cuello de botella.

Existen tres pasos fáciles para encontrar un cuello de botella:

El primero es visualizar. Realice un seguimiento del trabajo mediante el uso de tarjetas de tareas en un tablero. Esto mostrará cuando el trabajo comienza a acumularse. Este es un buen indicador del problema, que generalmente es un cuello de botella.

El segundo es trazar actividades y colas. Si puede separar las actividades y las colas en un tablero Kanban, podrá ver cuánto tiempo ha estado esperando el trabajo en la cola antes de pasar a la actividad. Si esta cola en particular continúa creciendo más rápido de lo que se mueve el trabajo, tiene un cuello de botella.

La tercera forma es medir el tiempo de ciclo dentro de cada etapa. La medición del tiempo de ciclo de cada etapa le permitirá crear un diagrama de tiempo de ciclo. Con solo mirar el diagrama, le mostrará dónde pasan las tarjetas la mayor parte de su tiempo. Además, si estas etapas están en cola, es posible que haya encontrado su cuello de botella.

¿Qué debe hacer para hacer frente a los cuellos de botella? Debería poder resolver cualquier cuello de botella poniendo más personas o recursos en un proceso o etapa en particular. Esto podría significar contratar más controladores de calidad para obtener un mejor flujo de producción.

¿Qué debe hacer si el cuello de botella necesita de un recurso escaso o un experto difícil de conseguir? En muchos casos, estos costos son demasiado altos. Pero nunca debe dejar un cuello de botella sin tratar. Esto le puede costar más dinero que arreglarlo.

Hay formas con las que puede contener el cuello de botella:

Nunca debe ignorarlo. Esto creará un efecto dominó que interrumpirá todo el flujo del proceso. Debe encargarse del cuello de botella cuanto antes.

Trate de aliviar la tensión que está causando el cuello de botella. El trabajo debe llegar al cuello de la mejor forma posible. Si la revisión en sí es un cuello de botella, asegúrese de que el control de calidad se realice desde el principio. El trabajo revisado debe ser impecable. Cada error que un revisor encuentre costará más dinero y tiempo.

Administrar límites dentro de WIP. Si hay límites amplios en el progreso del cuello de botella y hay un cambio de contexto, debe pensar en reducir el límite WIP. Si el progreso no tiene un límite de WIP, puede pensar en establecer uno.

Hacer lotes de proceso de trabajo. La operación podría llevar menos tiempo si tuviera que dedicar tiempo a organizar trabajos similares en lotes. Tenga cuidado porque, cuanto más grande es el lote, mayor es el riesgo. La regla principal es que los lotes más pequeños siempre funcionarán mejor, pero a veces se deben hacer concesiones.

Es posible que tenga que usar más recursos y personas. Si es posible, podría pensar en aumentar recursos en el cuello de botella para ayudar a acelerar todo el proceso. Pero tenga cuidado. Cuando los recursos dentro del sistema se distribuyen en un lugar diferente, puede aparecer un cuello de botella adicional en otro lugar.

Siete desperdicios de Lean

Deshacerse de actividades inútiles es extremadamente importante para una empresa exitosa. Este es un componente principal de la filosofía Lean, y lo ayudará a aumentar sus ganancias.

Esta idea tiene origen en Taiichi Ohno. Dirigió el sistema de producción de Toyota y es considerado como el padre fundador de Lean Manufacturing. Toda su carrera se basó en establecer un proceso de trabajo eficiente y sólido.

Encontró tres obstáculos que pueden influir negativamente en los procesos de trabajo. Estos son Mura, o irregularidad, Muri, o sobrecarga, y Muda, o desperdicios.

Descubrió siete tipos de desperdicios mediante el análisis profundo. Los llamó los siete Mudas. Se convirtieron en una práctica para ayudar a optimizar los recursos y reducir los costos.

¿Qué es exactamente el desperdicio o Muda en Lean? El desperdicio es una actividad que utiliza recursos, pero no aporta ningún valor al cliente.

Las actividades que crean valores para los clientes son solo una pequeña parte de todo el proceso. Esta es la razón principal por la que las empresas deben centrarse en deshacerse de las actividades que son un desperdicio. Al hacer esto, las empresas podrán ver formas de mejorar su rendimiento completo.

Una nota importante: no puede deshacerse de todas las actividades consideradas como desperdicio. Algunas son realmente necesarias.

Las pruebas de software no es algo que los clientes quieran pagar. Pero podrían terminar con un producto de mala calidad si no las incorporase y tendría un impacto negativo en su rendimiento financiero. Esto crea dos tipos principales de desperdicios:

Desperdicios necesarios: este tipo de desperdicio no agrega valor, pero se necesita para hacer las cosas de manera correcta. Estas actividades pueden ser informes, planificación o pruebas.

Desperdicios puros: este tipo de residuos no es necesario y no agrega valor. Si algo no le da valor, debe eliminarse de inmediato. Cualquier período de espera podría figurar como desperdicio puro.

Deshacerse de las actividades que son ineficientes es crítico si quiere que su empresa tenga éxito. El desperdicio puede disminuir la satisfacción de sus empleados, disminuir la calidad de los productos, aumentar los costos para los clientes y disminuir sus ganancias. Tiene que encontrar las actividades que no agregan ningún valor y modificar el proceso en donde están o deshacerse de ellas por completo.

Hay siete áreas principales en la teoría de Lean donde puede encontrar actividades Muda, también conocidas como los siete desperdicios de Lean.

El desperdicio de transporte se produce cuando se mueven materiales o recursos y esto no agrega ningún valor a su producto. El traslado excesivo de materiales podría costarle a su empresa una gran cantidad de dinero y dañar la calidad de su producto. A veces, el transporte puede hacer que pague más por la maquinaria, el espacio y el tiempo.

Demasiado inventario suele ser el resultado de una empresa que mantiene un inventario "por si acaso" lo necesitase. Las empresas a veces tienen demasiado stock para tratar de satisfacer una demanda que no están esperando. Tratan de protegerse de los retrasos de la producción o la posible producción de baja calidad. Estos inventarios generalmente no satisfacen las necesidades de los clientes y no agregan ningún valor a la compañía. Simplemente devalúan los costes y aumentan el coste de almacenamiento.

El desperdicio de movimiento es cualquier tipo de movimiento de maquinaria o empleados. Estos son tanto innecesarios como complicados. Pueden extender el tiempo de producción y posiblemente causar lesiones. El objetivo principal es hacer lo que haga falta para crear un sistema en el que los trabajadores no tengan que realizar un proceso complicado para hacer su trabajo.

La espera es lo más fácil de reconocer. Cada vez que las tareas o los bienes no se mueven, el desperdicio de la espera sucede. Se puede identificar fácilmente ya que perder el tiempo es muy fácil de detectar. Los ejemplos de desperdicio en espera incluyen: formularios o documentos que esperan ser aprobados por los supervisores, equipo que necesita ser reparado, pero sigue esperando en el taller del mecánico, o bienes que necesitan ser entregados.

La superproducción se vuelve Muda cuando se tiene más mercancía de la que el cliente está dispuesto a comprar. Producir más que las demandas del cliente llevará a un mayor costo. La sobreproducción provocará que otros desperdicios ocurran. Esta es la razón principal por la que las tareas o los productos necesitan más transporte, más movimiento y mayores tiempos de espera. Si ocurre un defecto durante la sobreproducción, esto significa que su equipo tiene que fabricar más unidades.

El procesamiento excesivo es un desperdicio que refleja el trabajo que no aportó valor ni aportó más valor del que se necesitaba. Estas cosas podrían ser agregar más características a un producto que nadie usará. Solo aumenta el coste para su negocio. Si una compañía de software crea aplicaciones o juegos que nadie sabe cómo jugar o no quiere jugar, no hay valor para eso. Solo están usando recursos y aumentando el precio de la computadora. Estas son cosas que los consumidores no quieren pagar.

Los defectos pueden hacer que los empleados trabajen más, o acabar en la basura. Normalmente, el trabajo defectuoso debe volver a la producción, y esto cuesta más tiempo. En la mayoría de los casos, es necesario volver a trabajar un área y conlleva el costo de las herramientas y la mano de obra.

Estos siete tipos de desperdicios pueden ser muy tóxicos para las empresas. Puede verlos como una forma de mejorar los procesos y optimizar los recursos. En cada negocio, estas formas de desperdicio tendrán muchos aspectos diferentes.

Variabilidad

Una definición simple de variabilidad es la falta de un patrón fijo o consistencia. El cambiar o variar puede ser una gran responsabilidad. La variabilidad puede causar más trabajo y plazos de entrega mayores. Puede crear una mayor necesidad de recursos que no se encuentren en un cuello de botella para ayudar a hacer frente al flujo de trabajo durante todo el proceso. La variabilidad dentro del tamaño del requisito y en cuánto esfuerzo se necesita en la entrega, integración, prueba, codificación, diseño y análisis puede afectar al proceso y a los costos de ejecutar el desarrollo de software.

Existen dos tipos de variabilidad: externa e interna.

Las fuentes internas son controladas por el sistema operativo. Estas también pueden ser llamadas variaciones de causa común o causa probable. Aquí, el azar implica que la variación es aleatoria y la consecuencia directa del diseño del proceso. No dice que la aleatoriedad se distribuye de manera uniforme. Cambiar el diseño del proceso puede afectar la forma, la extensión y los medios de distribución de las variaciones. Cuando miramos el nombre de "causa probable", podemos decir que, si bien una determinada causa puede no ser clara, ya existe un conjunto de oportunidades y causas para solucionarlas. Un ejemplo de una variación de causa común o probable podría ser la cantidad de errores que se crean en cada línea de código según la tarea o cantidad de tiempo. El número, la propagación y la forma en que se distribuye el error se ven afectados al cambiar el proceso y las herramientas, como realizando pruebas unitarias, integración constante y realizando revisiones de código de terceros.

Las fuentes externas son cosas que ocurren y los trabajadores o supervisores no pueden controlar. Estas también son llamadas causas especiales o asignables. Las fuentes externas necesitan diferentes enfoques para poder gestionarlas. No están afectadas por las políticas, pero se puede implementar un proceso para gestionarlas. Esto generalmente es manejado por la gestión de riesgos. La palabra "asignable" significa que una persona o grupo de personas debe poder encontrar el problema y describirlo. Estas variaciones no pueden ser controladas por un equipo, pero pueden predecirse. Los planes pueden ser hechos y procesados, creados para tratarlos fácilmente.

Lo principal a recordar es que el problema es fácil de ver y se toman medidas para definir correctamente la fuente.

Aquí hay algunas fuentes internas de variabilidad:

Dado que los elementos de trabajo utilizan historias o casos para desglosar los requisitos, crean la causa de la variación. En lugar de usar tarjetas de índice para mostrar los requisitos y aumentar la variación, cambiar la política para seguir una estructura de historial puede disminuir el tiempo de cinco semanas a solo un día y medio.

Se requieren diferentes cantidades de tiempo para completar diferentes tipos de trabajo. Medir y gestionar la finalización de elementos de diferentes tamaños puede aumentar la variabilidad y reducir la previsibilidad. Cuando utiliza técnicas para encontrar los tipos de elementos de trabajo, puede cambiar la extensión y la media de la variabilidad y ayudar a la previsibilidad para todos los tipos de trabajo.

La combinación de clase de servicio administrará las clases de servicio de la misma manera que lo hacen los elementos de trabajo. Puede incorporar una política en la que estos límites deban aplicarse estrictamente, o elegir relajarlos y permitir que un elemento llene un espacio para una fecha u hora determinada cuando no haya suficiente demanda para estos artículos. Puede cambiar las políticas durante diferentes momentos para ayudar con el resultado económico total y asegurarse de que el sistema siga siendo predecible.

La reparación de cualquiera de los errores que se tratan antes de su lanzamiento o los defectos de producción que demore el trabajo del cliente afectará a la variabilidad. Si ocurren durante una tasa predecible y tienen el tamaño correcto, entonces el sistema puede manejarlos. Usualmente este no es el caso. El proceso de reanudación que ocurre debido a errores aumenta los tiempos de entrega, incrementa la expansión de la variación y reduce el rendimiento. La mejor manera de disminuir la variabilidad debido a defectos es buscar la máxima calidad con defectos extremadamente bajos.

El flujo irregular se puede evitar al dar tiempo para completar la mayoría de los trabajos. El flujo irregular puede ser creado por fuentes externas e internas. La previsibilidad engendrará confianza.

Cuando pueda seguir rigurosamente los diferentes trabajos en curso, limitará la aleatoriedad y las clases de elementos de diferentes tamaños y perfiles de riesgo. Cuanto mayor sea la variabilidad, más necesitará amortiguar. Más almacenamiento en búfer crea más trabajo en proceso. Cuando hay más trabajo en proceso significa que el trabajo tarda más en fluir a través del sistema. Este es el resultado deseado, ya que los clientes, gerentes y propietarios valoran la previsibilidad más que las posibilidades.

Aquí hay algunas fuentes externas de variabilidad:

Estas fuentes de variabilidad se encuentran en lugares que no están controlados por el desarrollo de software o la gestión de proyectos. Pueden suceder debido a fallos en el servidor, cortes de energía, otros miembros del equipo o apagones ambientales.

Los requisitos, la visión, la planificación estratégica y los planes de negocios mal definidos u otra información mal escrita pueden hacer que un trabajador no pueda tomar decisiones y no pueda completar su trabajo. Este elemento se bloqueará porque no puede tomar una decisión. Se necesita nueva información para arreglar la situación para que el trabajador pueda tomar buenas decisiones que permitan que el trabajo fluya hasta su finalización. La ambigüedad en los requisitos es que estos, al igual que otras fuentes, pueden ser influenciados, pero nunca controlados.

Las solicitudes apresuradas se crean debido a eventos externos, como un pedido de un cliente o porque se produjo un fallo en el proceso interno de la empresa. Las prisas en ingeniería son malas. Dañan la previsibilidad de las solicitudes. Pueden aumentar el tiempo de entrega, extender la variabilidad y reducir el rendimiento. Las prisas no son deseables incluso cuando se intenta generar valor. Normalmente, dentro del sistema Kanban, las solicitudes apresuradas motivarán la necesidad de establecer límites estrictos. Necesitan ser eliminadas con el tiempo.

La disponibilidad del entorno es una variación de causa especial o asignable.

Algunos equipos ven fuentes externas como bloqueadores. Confiar en el entorno y los especialistas como los administradores de bases de datos (DBA), los ingenieros de implementación y sistemas son todos bloqueadores. La mayoría de las organizaciones no tienen ninguna capacidad de gestión de riesgos.

Hay dos aproximaciones para ayudar a reducir la irregularidad que crean los elementos bloqueados:

1. Defina límites más altos y acepte tiempos de entrega más largos sin previsibilidad.
2. Mantenga límites estrictos en el trabajo en curso. Mantenga los tamaños bajos y maneje tiempos de entrega más largos con una menor previsibilidad.

Haciendo y Hecho

Una mejora fácil y simple que puede realizar en su sistema Kanban es separar los estados en "Haciendo" y "Hecho". Esto le dará una visualización más precisa del estado real de una determinada tarea. Agrega mucho a la granularidad de las métricas y es importante para permitir el movimiento de una mentalidad de empuje a una mentalidad de extracción.

Digamos que un equipo tiene dos columnas: desarrollo y prueba. Cuando un desarrollador termina la primera tarea, la insertará en la columna de prueba. Pero el sistema en realidad está mintiendo. El hecho de que el desarrollador lo haya puesto a prueba no significa que la prueba haya comenzado.

Ahora, considere que las columnas de desarrollo y prueba se dividen en "Haciendo" y "Hecho". Una vez que el desarrollador termina la primera tarea, la coloca en la sección de desarrollo realizada. Esto indicará a los *testers* que ahora pueden arrastrar la primera tarea a la columna de prueba. Si se empiezan a acumular grandes listas de tareas en la columna de desarrollo, se puede detectar fácilmente un cuello de botella en la prueba anterior. Si, después de algún tiempo, notamos que las tareas pasan demasiado tiempo en esta columna, nos impulsará a analizar la causa raíz de esto.

También puede elegir asignar estos nombres a las columnas:

- o   Desarrollo
- o   Listo para la prueba
- o   Prueba
- o   Listo para la aceptación

La verdad es que la diferencia es solo teórica. Estéticamente, se prefiere "Haciendo" y "Hecho", principalmente porque proporciona menos estados aparentes, y puede asignar límites de WIP en la columna de "Haciendo" y "Hecho".

Conclusión

Gracias por llegar hasta el final de *Kanban*. Esperamos que haya sido informativo y que pueda proporcionarle todas las herramientas que necesita para alcanzar sus objetivos, sean los que sean.

El siguiente paso es comenzar a utilizar la información que ha aprendido. Kanban es una herramienta muy útil para todos. Aumenta la eficiencia de casi cualquier tarea, así que pruébelo para ver si funciona para su equipo. Si es un desarrollador de software o un administrador de proyectos, Kanban puede ayudarle.

Si disfrutaste de este libro, ¿podrías, por favor, dejar un comentario?

¡Gracias por tu apoyo!